SPA

Colette Gouvion

SPA

VOM ARABISCHEN HAMAM BIS ZUR MODERNEN WELLNESS-OASE

Aus dem Französischen von Christa Trautner-Suder

KNESEBECK

Inhalt

I
Mythen und Träume

II
Die Welt der Antike

III
Japan und Korea

IV
Nordische Völker

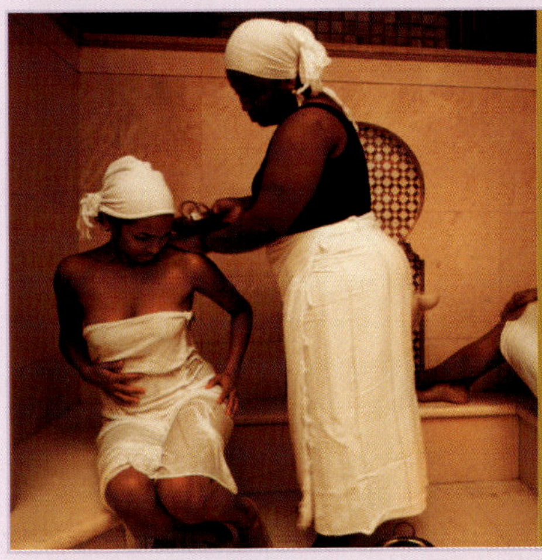

V
Maghreb und Mittlerer Osten

VI
Westliche Paradoxien

VII
Aus aller Welt

VIII
Tipps und Utensilien

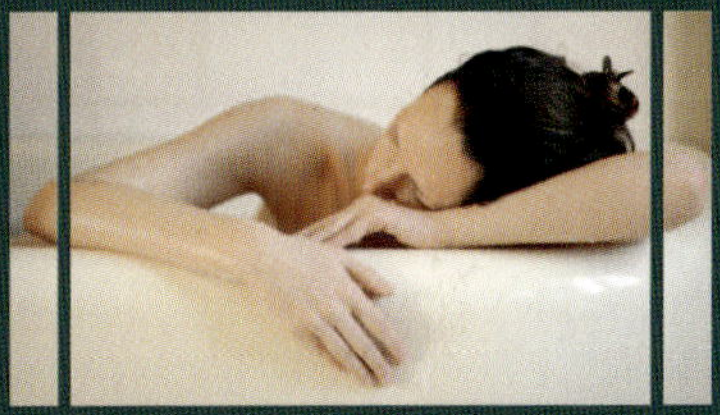

I

Mythen und Träume

Von einem Urbedürfnis zur Kultur

Welche Wonne, in weiches, warmes Wasser einzutauchen, zu spüren, wie es wohltuend über die Schultern rinnt, wie die Muskeln sich entspannen, Körper und Seele zur Ruhe kommen. Dieses Vergnügen empfindet der Erwachsene, der sich wohlig im Bad treiben lässt, genauso wie das planschende Kind, das mit den Wellen spielt und lautstark seinen Unwillen kundtut, wenn es diesem wiedergefundenen Paradies entrissen wird. So genießen wir das Glück eines Bades, diesen Augenblick der Seligkeit, ohne nach einem tieferen Sinn zu forschen, denn die Notwendigkeit der Körperhygiene ist offensichtlich Rechtfertigung genug. Und doch bleibt diese Erklärung unzulänglich, denn beim Baden handelt es sich keineswegs nur um ein einfaches Reinigungsritual. Um dies zu verstehen, müssen wir zu unseren Ursprüngen zurückkehren, in unserem Unbewussten, in der Geschichte der Religionen und in der Kultur forschen, die uns geprägt hat.

In seinem Werk *L'eau et les rêves* bezeichnet der französische Philosoph und Dichter Gaston Bachelard das Vergnügen, das wir beim Schwelgen im flüssigen Element empfinden können, als »Ursinnlichkeit«. Weiter schreibt er: »Die ersten seelischen Reize, die in unseren Träumen Spuren hinterlassen, sind organischen Ursprungs. Der erste nachhaltige Eindruck ist ein körperliches Wohlbehagen. Die ersten materiellen Bilder entstehen in unserem Körper, in den Organen. Diese ersten Bilder sind dynamisch und aktiv …« Körperliches Wohlbehagen – genau das ist es, was wir beim Eintauchen in ein einladendes Bad empfinden. Ein organischer Reiz, wie der Philosoph sagt. Könnten wir dieses Wohlbehagen aber mit derselben Intensität empfinden, wenn wir nicht intuitiv wüssten, dass wir uns beim Eintauchen ins Wasser zurückbegeben in das Leben spendende Element, das 65 Prozent der Erde bedeckt, 60 Prozent unseres Körpers ausmacht und in dem wir wie ein friedliches Fischchen die ersten neun Monate unseres Lebens verbracht haben? Und könnten wir uns beim Verlassen des Bades so geläutert und regeneriert fühlen, wenn nicht tief im individuellen oder kollektiven Unbewussten unzählige Symbole ruhten, die in allen Kulturen der Welt nachweislich seit 5000 Jahren, wahrscheinlich aber deutlich länger, mit dem Wasser verbunden sind?

Unvergänglicher Hort der Ruhe. *Ins Wasser eintauchen wie diese junge Frau auf dem Foto links und dabei spüren, wie man sein wahres Element wiederfindet. Von einer zeitlosen Quelle träumen, in der sich die Lotusblüten, ein Sinnbild der Reinheit, öffnen wie auf dieser heiteren hinduistischen Miniatur aus dem 18. Jahrhundert (oben). Die Stille eines japanischen Gästehauses oder die wunderbare Einsamkeit eines natürlichen Bassins am Wasserfall Telaga Tujuh in Malaysia genießen (folgende Seiten). Wasser bringt Körper und Seele zur Ruhe – ob in der Realität oder in der Fantasie.*

Rückkehr ins Paradies. *Ein Bad in freier Natur versetzt den Menschen in das Goldene Zeitalter unschuldiger Sinnlichkeit zurück. Sie ist in den kühlen Fluten eines Wildbachs gegenwärtig (oben), und sie drückt sich in der Darstellung badender Frauen aus, die sich in einem ruhig dahingleitenden Fluss erfrischen (rechts). Das Bild stammt von einem hinduistischen Künstler der Moghulzeit (17. Jahrhundert).*

Im alten China, 2000 Jahre v. Chr., kannte man fünf Lebenselemente: Wasser, Feuer, Erde, Metall und Holz. Griechische Philosophen, zum Beispiel Platon, beschränkten sich auf die vier Elemente Wasser, Feuer, Luft und Erde. In beiden Fällen tritt das heilige Wesen des Wassers am deutlichsten hervor – offenkundiger noch als beim Feuer. Der Symbolgehalt des Wassers ist unerschöpflich.

Wasser – das universale Symbol des Lebens

Von welchem Wasser aber ist hier die Rede? Anfangs handelt es sich um etwas Wesenhaftes: um das ursprüngliche Element, das Meer, aus dem alles entsteht. Diese kosmische Auffassung ist überall auf der Welt verbreitet, im Westen wie in Polynesien, Asien oder Afrika. Alle Mythen über den Ursprung des Universums, seien es chinesische, hinduistische, afrikanische, mesopotamische oder christliche – etwa das Alte Testament, das sich zu einem bedeutenden Teil auf sumerische Überlieferungen stützt –, sprechen nicht von »dem« Wasser, sondern von »den« Wassern. Deren undifferenzierte Masse »enthält alles theoretisch Mögliche, Formlose, den Keim aller Keime, birgt alle versprochenen Entwicklungen, aber auch die Gefahr des Verschlungenwerdens«, heißt es im *Lexikon der Symbole*. Wasser steht also für Leben und Tod.

Das Leben aber setzt sich durch, denn man kann ins Wasser eintauchen, ohne sich darin aufzulösen, und wenn man darin einen symbolischen Tod gestorben ist, wird man wiedergeboren. Das Eintauchen ins Wasser oder das Besprengen mit Wasser, das die Durchführung von Übergangs- oder Aufnahmeriten in Kulturen mit pantheistischer wie monotheistischer Religion begleitet, hat nur einen Sinn: Es dient als konkretes Zeichen der Veränderung eines seelischen oder gesellschaftlichen Zustands. Gleichzeitig schreibt man dem Wasser ganz allgemein eine wohltuende Wirkung auf Körper und Geist zu. Dies drückt sich auch in einer Anrufung aus dem Rigveda aus, einer der vier »Sammlungen« der Veden. Diese heiligen Werke des Hinduismus entstanden zwischen dem 18. und 8. Jahrhundert v. Chr. und wurden in Sanskrit verfasst. »Ihr erquickenden Wasser, bringt mir Kraft, Größe, Freude und Visionen. Ihr Herrscher der Wunder, ihr Regenten der Völker … ihr Wasser, schenkt mir eure heilende Fülle, auf dass sie meinen Körper stärke und ich die Sonne lange sehen möge.«

Wassergeschichten von gestern und heute. *Eine Miniatur, die im 15. Jahrhundert in Chiraz entstand, zeigt Shirin, die von Khosrau beim Baden beobachtet wird (rechts). Illustration einer Begebenheit aus dem Epos* Khosrau und Shirin, *entstanden in einer Zeit, in der die moslemische Kunst Persiens noch keinen Fundamentalismus kannte. Auf der gegenüberliegenden Seite vergnügen sich Erwachsene in den heißen Schwefelquellen von Saturnia, Toskana.*

Hier werden die Wasser des Glücks, der Klarsicht und sogar der Gesundheit gepriesen. Zweifellos gehörten auch die Begriffe »Reinigung« und »Wiedergeburt« in diesen Kontext. Sie sollten sich später jedoch differenzieren und genauere Bedeutungen erhalten. Meeresgewässer sind der Inbegriff von Doppeldeutigkeit. Stets sind sie salzig, gelegentlich stürmisch, und mit ihren unergründlichen Tiefen stehen sie für das ursprüngliche Chaos, das den Menschen gleichermaßen erschreckt und fasziniert. Wer sich in diese Fluten begibt, muss mit ihrer Gefährlichkeit rechnen. Es sollte lange dauern, bis die Meere zu einer Quelle des Vergnügens und der Gesundheit wurden. Süßwasser hingegen hatte schon immer überwiegend positive Aspekte – mit einigen Ausnahmen, wie zum Beispiel den schwarzen Wassern der Sümpfe, in denen archaische Religionen oft die Pforten zur Hölle vermuteten.

Ob fließende Gewässer wie Ströme, Wildwasser oder Bäche – Symbole der immerwährenden Erneuerung – oder ruhende Wasser wie Seen und Teiche: Sie alle verkörpern, mögen sie vom Himmel fallen, als Quelle der Erde entspringen oder am Grund einer tiefen Grotte ruhen, das Weibliche, Mütterliche, das vollkommene Element, das Reinheit und Erneuerung zugleich symbolisiert. Das Wasser spielt in allen Religionen eine wichtige Rolle. So verlangt die Teilnahme an religiösen Feiern einen reingewaschenen Körper und Geist. Auch schreiben alle Religionen dem Wasser mehr oder weniger magische Kräfte zu, nicht nur in seiner Eigenschaft als reinigendes Element oder Jungbrunnen, sondern auch hinsichtlich der Fruchtbarkeit, der Sexualität und der Heilung bestimmter Leiden. Gelegentlich scheint es auch einen Blick in die Zukunft zu gewähren. Im Laufe der Zeit bevölkerten Flussgottheiten wie der Ganges oder der Nil unseren Planeten, bestimmte Seen, Teiche, Quellen und Brunnen wurden zu »heiligen Orten« erklärt. Die Kirche, der es in Europa lange nicht gelang, der Verehrung dieser heidnischen »Vergnügungsstätten« den Garaus zu machen, musste sich damit begnügen, ihnen einen Schutzheiligen zuzuteilen, um ihnen einen katholisch korrekten Anstrich zu verleihen. Manch seltsame Praktik hat sich trotz alledem bis heute erhalten.

Das laue Nass – eine subtile Alchimie

Das geheimnisvollste all dieser mehr oder weniger wundersamen Gewässer ist sicher jenes, das still am Grund einer tiefen Grotte ruht. Es gilt als das reinste Wasser, weil kein irdischer Schmutz es verunreinigen kann. Auch schreibt man ihm die stärkste »kosmische« Komponente zu, da es mit den tellurischen Kräften in Verbindung stehen soll. In ein solches eifersüchtig geheim gehaltenes Wasserbecken tauchte vor Jahrtausenden ein chinesischer Herrscher ein, um sich durch diese symbolische Rückkehr in den mütterlichen Leib zu verjüngen und seine sexuelle Potenz zu erhalten.

Seismische Erschütterungen können beunruhigende Dämpfe, aber auch »heißes Nass« freisetzen, um mit Gaston Bachelard zu sprechen. Dieses »heiße Nass« führt uns direkt zum Thema dieses Buches, dem Baden. Ob es sich um ein schlichtes Wannenbad oder um ein Sauna- oder Dampfbad mit anschließenden Kaltwassergüssen handelt – beides ist ein Genuss, wirkt beruhigend, bringt Kopf und Körper zur Ruhe und versetzt uns in einen fetalen Zustand zurück. Wie köstlich, belebend, vergnüglich und erfrischend ein Bad auch sein kann – feuchte Wärme gehört unbedingt dazu.

Diese feuchte Wärme, vielleicht das wesentliche Element des Badens überhaupt, hat es wirklich in sich. Man braucht sie sich nur vorzustellen, und schon meint man sie auf der Haut zu spüren. Das allein erklärt aber noch nicht, warum sie einen so verzaubert. Es sagt auch nichts darüber aus, dass diese flüchtige Form des Wassers, wenn nicht magisch, so doch in gewisser Weise zumindest alchimistisch ist und eine Verbindung der beiden wichtigsten Ele-

Pures Wohlbehagen. *Umgeben von Eis und Schnee in lauem Wasser zu sitzen lässt einen die Zeit einfach vergessen. Wer diese wundervolle Erfahrung jemals machen durfte, sei es in Long Valley (unten), New Jersey, im Colorado (rechts) oder sonst wo, weiß, wie belebend ein solches Bad ist.*

mente darstellt: Wasser und Feuer, das eine weiblich, das andere männlich, in der chinesischen Begrifflichkeit »Yin« und »Yang«. »Sind diese beiden Elemente miteinander verbunden«, schreibt Bachelard, »entsteht alles aus ihnen.« Fast poetisch fährt er fort: »Die Fantasie träumt von der Schöpfung wie von der innigen Verbindung der zweifachen Kraft des Wassers und des Feuers ... Viele Kosmogonien sehen in der feuchten Wärme das Grundprinzip. Von ihr wird die inerte Erde belebt, aus ihr entstehen alle lebendigen Formen ... Es lässt sich leicht überprüfen, dass feuchte Wärme in vielen Denksystemen eine wichtige Rolle spielt. Durch sie nimmt die Schöpfung eine verlässliche Trägheit an ... Man weiß nicht mehr, wer dafür verantwortlich ist: das Feuer, das Wasser oder die Zeit? Durch diese dreifache Ungewissheit lässt sich alles beantworten. Ein Philosoph, der sich mit einem Begriff wie der feuchten Wärme beschäftigt ... findet darin so sichere Überzeugungen, dass ihn kein objektiver Beweis in Verlegenheit bringen wird.« Genussbader können diese Überlegungen als Argumentationshilfe gegenüber den Verfechtern der funktionellen Hydrotherapie nutzen.

Baden – ein magisches Ritual

Instinkt, unbewusste Begeisterung, Heiligenverehrung ... Seit Urzeiten pflegen die Menschen eine regelrechte Wasserkultur. Sie betrachteten das Wasser als etwas Magisches, erkannten, dass es Heilkräfte besitzt. Sie lernten warmes Wasser, das aus der Tiefe der Erde hervorsprudelte, zu nutzen und eigneten sich später die Fähigkeit an, Wasser selbst zu erwärmen und verdampfen zu lassen. Während sie es anfangs als heilig verehrten, gingen sie später dazu über, es für therapeutische Zwecke zu nutzen oder ihre Sinne daran zu erfreuen – zu seiner läuternden Funktion kam die hygienische. Über Jahrhunderte hinweg entwickelten die Japaner, die Völker des Nordens und des Mittelmeerraums, hier vor allem die Römer, eine Kultur des Badens, die untrennbar mit ihrer jeweiligen Lebensweise verbunden war. Die liturgischen Riten wurden durch die Kunst des Badens abgelöst, für die es präzise Anleitungen gab, und niemand wäre auf die Idee gekommen, die vorgesehenen Abläufe zu verändern. Gleichzeitig mehrten sich die »Zutaten« zur Vervollkommnung des Badegenusses: Massagen, Seifen, Parfüms, Öle, Lotionen und Badetextilien. Manchen Menschen diente das Bad ausschließlich zur Reinigung. Andere,

insbesondere im jüdisch-christlichen Abendland, wandten sich eine Zeit lang völlig davon ab. Für diese unterschiedlichen Haltungen gibt es vielfältige Ursachen – zum Beispiel verschiedene klimatische Bedingungen auf der Erde.

In Gebieten, in denen Wasser knapp bemessen ist, geht man anders damit um als in Zonen mit üppigen Wasservorkommen. Auch das Vorhandensein warmer Quellen wie in Japan oder auf Island wird eine Rolle gespielt haben. Manche Völker hielten stärker an ihren Mythen und überlieferten Traditionen fest als andere. Auch die Religion spielte eine grundlegende Rolle.

Baden heißt nackt sein, sich pflegen oder gar dem körperlichen Genuss hingeben. Während dieser Aspekt in den alten pantheistischen Religionen und in den indischen, japanischen und mit einigen Einschränkungen sogar in den islamischen Traditionen nichts Verbotenes darstellt, erklärten die Schriftgelehrten und Kirchenväter der jüdisch-christlichen Welt diese Nacktheit, diese Körperlichkeit, diese Quelle der Wollust zur Sünde – insbesondere in Frankreich, wo den jungen Damen in den kirchlichen Mädchenpensionaten vom 18. bis ins 20. Jahrhundert hinein oft nur Teilwaschungen erlaubt waren, bei denen sie ihren Körper nur stellenweise entblößen durften.

So ist es heute nicht mehr. Heutzutage wird das Baden höchstens aus ökologischen und ökonomischen Gründen abgelehnt, was jedoch nicht verhindert, dass es in allen Erscheinungsformen den ihm gebührenden Rang zurückerobert. Ein Grund mehr, sich – entspannt in der Badewanne ausgestreckt oder den Freuden des Hamam, der Sauna oder des Spa hingegeben – mit einem Satz des Dichters Gabriele d'Annunzio zu den Tiefgründigkeiten des Badens vorzutasten: »Die wertvollsten Ereignisse widerfahren uns, lange bevor unsere Seele ihrer gewahr wird. Beginnen wir dann, die Augen auf das Sichtbare zu richten, waren wir bereits seit langem mit dem Unsichtbaren verbunden.«

Wasser als Gestaltungselement. *Links: In Chile, 450 Kilometer von Santiago entfernt, hat der berühmte Architekt German del Sol vulkanische Thermalquellen in eine außergewöhnliche Wellnessoase verwandelt. Das Bild oben zeigt ein Hotel in der Nähe von Salt Lake City. Terrasse und Schwimmbecken fügen sich elegant in die Gebirgskulisse ein. Könnte es sein, dass eine auf Bäder ausgerichtete Landschaftsarchitektur im Entstehen begriffen ist?*

II
Die Welt der Antike

Aus der Höhle in die Therme

Spätestens mit der Entstehung der Zivilisation in Mesopotamien taucht das reinigende, Leben spendende, heilende, befruchtende und regenerierende Element Wasser in allen Kosmogonien und Religionen des Altertums auf. Bei allen Ritualen wird Wasser verwendet. Die ägyptischen Oberpriester müssen täglich vor Sonnenaufgang im heiligen See ihres Tempels baden. Spätere Generationen halten das wertvolle Nass für ein Medium magischer Worte. Sie lassen es über eine mit Götterdarstellungen und Hieroglyphen bedeckte Stele rieseln: Dabei nimmt es deren Kraft in sich auf und wird anschließend in Gefäßen aufgefangen. Nun muss man es nur noch trinken, um sich vor dem Biss eines Skorpions oder einer Schlange und vor feindseligen übernatürlichen Mächten zu schützen.

Zu dieser Zeit regiert zwischen Euphrat und Tigris der überaus mächtige König Gilgamesch, der Sage nach zu zwei Dritteln Gott, zu einem Drittel Mensch. Dieser Held, der Gründer des Stadtstaates Uruk, ist ein großartiger Baumeister, aber auch ein schrecklicher Despot, dessen Untertanen sich bei den Göttern über ihn beklagen. Um ihn milde zu stimmen, stellen diese ihm – so das *Gilgamesch-Epos* – einen sanften Gefährten reinen Herzens zur Seite: den Hirten Enkidu, ein aus Ton modelliertes menschliches Wesen, das wie ein Tier zwischen Ziegen und Gazellen aufwächst. Enkidu ist langhaarig, struppig und stark behaart. Eine Tempeldienerin, eine *schamkat*, soll ihn in die Freuden der Liebe einweisen. Sie gibt ihm Brot zu essen, umsorgt und kleidet ihn. Liebe, Brot und Körperpflege verwandeln dieses wilde Wesen in einen zivilisierten Menschen. So kann Enkidu nach Uruk ziehen, mit Gilgamesch kämpfen, sich mit ihm versöhnen und zu seinem brüderlichen Gefährten werden.

Das *Gilgamesch-Epos* wurde vor beinahe 5000 Jahren von den Sumerern auf Tontafeln geschrieben. Bereits in diesem Mythos ist das Wasser mit seinen vielgestaltigen Kräften präsent: Es ist das Wasser der Metamorphose, der rituellen Waschungen, der symbolischen Brunnen, die die beiden Gefährten auf einer langen Reise jeden Abend graben müssen, und das tiefe Wasser, in dem die Pflanze der Unsterblichkeit wächst.

Ägypten: heilige Wasserbecken und Schönheitspflege

Die rituellen Waschungen wurden nach und nach durch profane Praktiken ergänzt. Obwohl der Gedanke der Läuterung weiterhin mit dem Baden verbunden blieb, wurden Bäder nun auch zur Körper- und Schönheitspflege genutzt. Hochrangige Ägypter ließen sich waschen, mit Bimsstein abreiben, mit kostbaren Ölen massieren und parfümieren. In den Genuss dieser Pflege kamen auch die Frauen, die ausgewählt wurden, mit dem König das Lager zu teilen, denn sie sollten rein und von strahlender Schönheit sein. Durch Ausgrabungen ließen sich bislang kaum Informationen über die während der frühen Dynastien verwendeten Materialien gewinnen. Die archäologischen Funde legen die Vermutung nahe, dass die Ägypter Brunnenschalen aus mehr oder minder edlen Materialien besaßen – Stein, Marmor, Edelmetall –, in die sie sich hineinkauerten und von Dienern mit Wasser übergießen ließen. Sehr viel besser unterrichtet ist man hingegen über die unzähligen Öle, Abkochungen

Wasser und schöne Frauen. *Links: Venus bei der Toilette (Tunesien). Oben: Junge Frau beim Verlassen des Bades (Volubilis, Marokko). Bereits römische Künstler stellten eine Verbindung zwischen weiblicher Schönheit und dem Baden her.*

Den Göttern zu Ehren. *Anhänger des Brahmanismus reinigen sich in heiligen Flüssen, um Krishna, dem Gott der Lebenskraft, ihre Ehre zu erweisen, wie auf dieser Miniatur aus dem 17. Jahrhundert zu sehen ist. Dabei spielt auch die Freude am Baden eine Rolle – außer natürlich bei den Asketen.*

und Parfüms, die eine therapeutische und verführerische Wirkung hatten und der Haut einen schönen Schimmer verliehen.

In Indien hat die Verwendung aromatisierten Wassers eine lange Tradition: Die Veden enthalten Rezepte für Bäder und Massagen mit Zimt, Kardamom und Ingwer. Die Sumerer kannten vor 5000 Jahren bereits die desinfizierenden Eigenschaften der ätherischen Öle. In Ägypten wurden aromatische Kräuter und Duftharze nicht nur zur Einbalsamierung von Toten und während religiöser Zeremonien verwendet, sondern auch zur Steigerung des Wohlbefindens und der Schönheit der Lebenden. Fülle und Eleganz der Toilettenartikel, der Flakons, Schalen, Kästchen und Schminklöffel, die in den Grabstätten gefunden wurden, lassen daran keinen Zweifel. Glaubt man dem Mythos, setzte die Königin von Saba, die über die Heimat von Myrrhe und Weihrauch, das Glückliche Arabien (den heutigen Jemen), herrschte, die raffiniertesten Bäder und berauschendsten Parfüms ein, um König Salomon zu verführen.

Die griechische Kultur, die uns aus Schriften und Relikten wohlbekannt ist, bietet reichlich Anschauungsmaterial über die Vereinigung religiöser und profaner Bräuche. Für die Griechen entstand alles Leben aus dem Wasser. Sie bevölkerten den Pantheon mit Meeresgöttern wie Okeanos und Poseidon. Sie verehrten Flüsse und Quellen, in denen sie bezaubernde Flussnymphen vermuteten, und unterwarfen sich den Riten der Reinigung, Regeneration und Fruchtbarkeit. In einer Sage heißt es, bei Nauplia gebe es eine Quelle, in der Zeus' Gemahlin, die Göttin Hera, Jahr für Jahr ein Bad nehme, um ihre Jungfräulichkeit wiederzuerlangen. Die griechischen Reinigungsrituale beschränkten sich aber nicht auf Götter und Göttinnen. Die jungen Athenerinnen badeten vor ihrer Hochzeit in der Quelle Callirhoe. Griechische Bürger, die nach dem Liebesakt ein Heiligtum betreten wollten, mussten zuvor ein reinigendes Bad nehmen. Auch frisch gebackene Mütter hatten sich nach der Entbindung zu waschen, um die mit der Geburt einhergehende Befleckung zu tilgen. Darüber hinaus kannten die Griechen kalte und warme Bäder zur Reinigung und Verschönerung des Körpers.

Das Bad bei Homer

Etwa im 9. Jahrhundert v. Chr. schildert Homer in der *Odyssee*, wie der schiffbrüchige Odysseus, nachdem er sich auf die Insel Scheria gerettet hat, durch ein Bad im Fluss wieder zum »göttergleichen« Helden wird. Doch auch das

Jahrtausendealte Schönheiten. *Gewaschen, massiert, mit duftendem Öl gesalbt und parfümiert: Auf dem Grabfresko (linke Seite) sind Ägypterinnen bei der Toilette dargestellt. Baden und Körperpflege galten in Ägypten als Vergnügen. Die Griechen wiederum bevölkerten ihre Quellen mit sinnlichen Nymphen und das Meer mit betörenden Sirenen. Auf dieser Trinkschale aus dem Jahr 330 v. Chr. (links) ist eine Szene aus der Odyssee dargestellt: Odysseus hat sich am Mast seines Schiffes festbinden lassen, um dem verführerischen Gesang der Sirenen standzuhalten.*

Warmbad ist den Griechen bekannt. Der Dichter beschreibt seinen Ablauf so: Man entzündet unter einem Dreifuß ein Feuer, stellt ein ehernes Gefäß darüber und erhitzt Wasser darin, das in einen Bottich gegossen und dort mit kaltem Wasser vermischt wird. Die Person, für die das Bad gerichtet wurde, steigt in den Bottich. Eine weitere Person – eine Frau – gießt ihr Wasser über Kopf und Schultern, salbt ihren Körper anschließend mit Öl und kleidet sie an. In der Regel werden diese Dienste von Dienerinnen oder von den Töchtern des Hauses, gelegentlich sogar von der Hausherrin persönlich geleistet.

Das Warmbad scheint bei den Griechen eine Ausnahme gewesen zu sein, die besonderen Anlässen oder Gästen vorbehalten blieb. Nichtsdestotrotz pflegten die Griechen einen regelrechten Körperkult und frönten dem Sport. Im 6. Jahrhundert v. Chr. richteten sie Gymnasien ein, in denen die Räume für den Philosophieunterricht direkt neben dem Platz für den Ringkampf, der soge-

nannten Palästra, untergebracht waren. Vor dem Sport, den sie nackt betrieben, rieben sich die Athleten mit Öl ein und puderten sich danach mit Sand, um ihre Haut vor der Sonne zu schützen. So ist es verständlich, dass neben den sich im Freien befindlichen Sportstätten Bassins aufgestellt waren, in denen die Sportler nach den Übungen baden und sich mit Hilfe eines Strigils, einer Art Schabeisen, wieder vom Sand befreien konnten. Zeitgenössische Abbildungen zeigen große, runde Becken auf einem runden Fuß oder einer Säule, um die Männer oder Frauen herumstehen und die Arme ins Wasser tauchen, sich mit Wasser besprengen lassen oder mit ihrer Toilette beschäftigt sind.

Anfangs lehnten die Philosophen warme Bäder ab, weil sie Körper und Geist verweichlichten. Aber lässt sich der Sinn fürs Wohlbehagen wirklich ausschalten? 200 Jahre später waren alle griechischen Sportstätten überdacht und mit Bädern ausgestattet. Diese verfügten über große, in den Fels gehauene Gemeinschaftswannen, Räume für Warmbäder, kleine Wannen für Teilwaschungen, Nischen zum Umkleiden, ein Schwimmbecken, warmes Wasser, mit dem sich nach übereinstimmender Meinung der Körper besonders gründlich reinigen ließ, und – der Gipfel des Genusses – ein Dampfbad. Wahrscheinlich hatten die Griechen dieses Vergnügen während ihrer Feldzüge in Asien kennengelernt. Sie brachten sich bei trockener Hitze oder durch das Besprühen von heißen Steinen und weiß glühendem Eisen zum Schwitzen. Herodot erwähnt das Dampfbad als eine im 6. Jahrhundert v. Chr. allgemein bekannte Einrichtung. Nach der körperlichen Ertüchtigung reinigten sich die Athleten nun durch Besprühen mit warmem Wasser, nahmen ein Dampfbad, anschließend ein Warmbad, in dem sie sich wuschen, übergossen sich mit kaltem Wasser oder tauchten in das Schwimmbecken ein und wurden zum Schluss mit Aromaölen eingerieben und massiert. Es war alles vorhanden, um aus den Sportstätten Orte der Begegnung und der Muße zu machen.

Die komfortablen Bäder Delphis

Allmählich auf den Geschmack gekommen, nahmen die Griechen nun grundsätzlich einmal am Tag ein Bad, und zwar am Spätnachmittag vor der Abendmahlzeit. In den Häusern der Wohlhabenden gab es zunehmend auch private Bäder. Das bestätigen Ausgrabungen, die 1951 in der Gegend von Delphi durchgeführt wurden und über die 1952 im *Bulletin de correspondances*

helléniques (Nr. 76) sehr detailliert berichtet wurde. Die Archäologen legten regelrechte Badezimmer mit Wasserbecken für Teilwaschungen und gemauerte Badewannen frei, die unseren heutigen Sitzwannen gleichen. Beheizt wurden diese und andere Räume durch einen auch zum Kochen dienenden Kamin in einem angrenzenden, zum Bad hin offenen Zimmer. Der Boden war mit Mosaiken geschmückt. Das Badewasser wurde für jeden Benutzer erneuert und nach dem Bad in einen Abwasserkanal geleitet. Für die Griechen sei es undenkbar gewesen, in schmutzigem Wasser zu baden, versichern uns die Archäologen.

Jeder Körper, der in eine Flüssigkeit eintaucht, erfährt einen Auftrieb. Ob der griechische Mathematiker Archimedes dieses physikalische Gesetz, das jeder Schüler kennt, in seiner Badewanne oder im Schwimmbad entdeckte, ist unerheblich. Auf jeden Fall verdanken wir den Griechen neben der Demokratie und den Grundlagen der Philosophie auch die Badekultur, die uns heutzutage so großes Vergnügen bereitet. Die Phönizier, ein im Mittelmeerraum ansässiges Volk von Kaufleuten, bereicherten sie um eine besondere Erfindung: die feste, auf der Basis von Natrium und aromatischen Kräutern hergestellte Seife. Bei den Römern, deren Thermen griechische und ägyptische Vorbilder noch übertrumpften, wurden öffentliche Bäder – wenn auch spät – zum Inbegriff der Lebenskunst.

Brot, Spiele und Bäder

Die alten Römer hatten zur Reinlichkeit zunächst ein eher unterentwickeltes Verhältnis – ihre notdürftig eingerichteten Waschräume waren finster und ohne jeden Komfort. Abgehärtetere Zeitgenossen mit sportlichem Ehrgeiz badeten hin und wieder im Tiber oder in kleineren Flüssen oder Seen. Das kalte Wasser genoss einen guten Ruf: Es kräftigte den Körper, und ein gestählter Körper stand für Männlichkeit und moralische Integrität. Erst im 2. Jahrhundert v. Chr. tauchten die ersten Balnea auf, dem griechischen Vorbild abgeschaute Schwitzbäder. Anfangs handelte es sich um bescheidene private Einrichtungen, für deren Nutzung bezahlt werden musste, die aber häufig von reichen Römern großzügig unterstützt wurden. Bald fanden die römischen Bürger Geschmack daran, sich abwechselnd starker Wärme und erfrischend kaltem Wasser auszusetzen. Die weniger Wohlhabenden konnten sich im Winter in den Schwitzbädern aufwärmen. Es dauerte nicht lange, und der Staat begann

In den Fußstapfen der Römer. *Da die römischen Eroberer nicht ohne öffentliche Bäder leben konnten, ließen sie in allen Kolonien welche bauen. Es ist ihren ausgezeichneten architektonischen Fähigkeiten zu verdanken, dass viele römische Bauwerke die Jahrhunderte überdauert haben. Das englische Bath (vorhergehende Seiten) besitzt noch immer ein Thermalbad, das auf die Römer zurückgeht.*

Immer prachtvoller. *Die Römer, die sich zu wahren Hedonisten entwickelt hatten, verlangten nach einem Luxus, der das Lustprinzip betonte. Dieses verführerische Mosaik, das in Volubilis in Marokko entdeckt wurde (rechts), vermittelt einen Eindruck davon, welche Bedeutung sie der Ausschmückung ihrer Bäder beimaßen. Im Laufe der Zeit entwickelten diese sich zu regelrechten Freizeitzentren.*

Versunken unter Asche. *Bei den Ausgrabungen in Pompeji fand man das unversehrte Caldarium der Thermen (folgende Seiten, links). Rechts die Überreste eines maurischen Bades auf Mallorca. Neben mehreren ungeheizten Räumen beherbergte es Umkleideräume und Wasserbecken. Die Lichtschächte beider Ruinen sind nahezu identisch, was auf die gleiche Herkunft der Bäder verweist.*

sich einzumischen. Ein Jahrhundert später fügte er dem berühmten Satz, das Volk brauche Brot und Spiele, ein neues Element hinzu: Bäder. Im Jahr 19 v. Chr. eröffnete der Politiker und Feldherr Agrippa, ein enger Vertrauter von Kaiser Augustus, nach sechsjährigen Bauarbeiten in Rom inmitten eines prächtigen Parks mit einem künstlichen Fluss und einem See zum Schwimmen die ersten Thermen (das Wort »Therme« leitet sich vom griechischen Begriff *thermós* – »warm«, »heiß« ab). Die multifunktionale Anlage krönte eine Kuppel von 25 Meter Durchmesser. Das Wasser wurde über einen neu erbauten Aquädukt zugeleitet und an Ort und Stelle durch Hypokausten erwärmt. Bei dieser Art von Heizung zirkulierte Heißluft unter dem Fußboden, zunächst zwischen Ziegelplatten hindurch, die unter einer großen Tragplatte lagen, später in Rohren, die auch die Wände erwärmten. Die Römer erlernten ein neues Vokabular: Laconicum – das trockene Schwitzbad; Sudarium – das Dampfbad; Tepidarium – ein Raum mit lauwarmer Luft; Caldarium – das Warmbad; Destrictarium – der Raum zum Entfernen des Öls, mit dem man den Körper vor dem Sport in der Palästra eingerieben hatte; Frigidarium – der Abkühlungsraum mit Kaltwasserbecken. Sie flanierten von Raum zu Raum, je nach Laune, Lust und Geschmack.

Die Begeisterung für die Thermen ergriff alle sozialen Schichten: Der Eintritt war kostenlos oder preiswert. Auch die Ärmeren konnten sich dort waschen und aufwärmen. Patrizier hingegen kamen, um sich zu entspannen, um Freunde zu treffen, sich über Neuigkeiten zu informieren, zu diskutieren oder ein Komplott zu schmieden. Begleitet wurden sie von Sklaven, die Badetücher, Seife und Öle trugen und ihre Herren mit dem Strigil bearbeiteten, enthaarten und massierten – es sei denn, diese nahmen die Dienste eines professionellen Masseurs in Anspruch. Nach und nach entwickelten sich die Thermen zu regelrechten Freizeitparks mit Verköstigungsmöglichkeiten, Theateraufführungen, Konzerten und Bibliotheken. Sie waren von einem Heidenlärm erfüllt. Der Politiker und Philosoph Seneca, der über einer Therme wohnte, beschwerte sich in einem Brief an seinen Neffen Lucullus über die von Haarauszupfern, Getränkeverkäufern, Wurst-, Backwarenhändlern und Badegästen erzeugte Geräuschkulisse: »Wenn die Sportbeflissenen ihre Übungen machen und dabei ihre mit Bleihanteln beschwerten Fäuste schleudern, wenn sie sich anstrengen oder wenigstens so tun, als ob, dann höre ich ihr Schnaufen … Denke dir dann noch einen Streithammel und einen ertappten Dieb und

Sinnenlust inbegriffen. *Neben ihrer Leidenschaft für das Baden entwickelten die Römer – die asketischen Tugenden ihrer historischen Anfänge vergessend – nach und nach einen regelrechten Schönheitskult und eine übertriebene Begeisterung für alles Sinnliche. Prachtvolle Mosaiken zierten die Bäder der Privathäuser. Auf ihnen waren Wasser, Blumen, Tiere, schöne Frauen und Paare beim Liebesspiel dargestellt. Während das Mosaik aus Volubilis (links) einen eher üppigen Körper zeigt, wirken die badenden Frauen auf der griechischen Amphore aus dem 6. Jahrhundert v. Chr. (unten) sehr elegant.*

Glaubwürdige Zeugnisse. *Dieses Mosaik aus der algerischen Ruinenstadt Timgad zeigt die Jagdgöttin Diana, die von Aktäon beim Baden überrascht wird. Rechts ein weiterer Ausschnitt aus dem prächtigen Mosaik. Die mythologischen Darstellungen, die der Ausschmückung antiker römischer Villen dienten, enthalten häufig Badeszenen – ein weiterer Beweis dafür, dass das Bad ein Markenzeichen der Zivilisation war.*

einen, dem seine Stimme im Bad gefällt, und nimm dazu die, welche unter fürchterlichem Aufklatschen ins Wasser des Schwimmbeckens springen.«

Blütezeit und Niedergang der römischen Badekultur

Auch in den entferntesten von römischen Legionären eroberten Ländern entstanden immer mehr Thermen. Zugleich wurden die Anlagen immer luxuriöser und weiträumiger, und die Römer suchten sie gelegentlich sogar mehrmals täglich auf. 62 n. Chr. eröffnete Nero in Rom Thermen, die eine Fläche von 3000 Quadratmetern umfassten. Etwa 212 wurde mit dem Bau der 140 000 Quadratmeter großen Caracalla-Thermen begonnen, und zwischen 298 und

306 entstanden die Thermen von Diokletian, die über 3000 Besucher fassten. Sobald die Thermen um 16 oder 17 Uhr ihre Pforten öffneten, drängte die Menge hinein: Männer, Frauen, Händler, Strolche, Prostituierte, Müßiggänger, Schriftsteller, Politiker … Die körperliche Ertüchtigung war dabei kaum noch von Bedeutung, man suchte die Thermen vielmehr auf, um zu speisen, Freunde zu empfangen oder ein Rendezvous zu haben. Die Bäder blieben manchmal die ganze Nacht über geöffnet. Ein großer Teil des städtischen Lebens spielte sich in ihnen ab, worüber sich viele Philosophen entrüsteten. Tatsächlich kam es zu Ausschweifungen, die sich nur schwer eindämmen ließen.

Mit dem Niedergang der römischen Gesellschaft nahte auch das Ende der Thermen. Dies war immerhin erst vier Jahrhunderte n. Chr. der Fall. Doch schon die letzten römischen Kaiser, die zum Christentum konvertiert waren, hatten sich immer schwerer damit getan, die moralisch anrüchige Badekultur zu dulden. Zwar triumphierten die einfallenden »Barbaren« über das römische Staatssystem und die römische Kultur, doch die Architektur ließen sie unangetastet. Viele Thermen, Aquädukte, Arenen, Theater und Tempel blieben als Erbe von unschätzbarem Wert erhalten. Mit den Griechen und Römern war das Bad in der westlichen Welt zu einem gesellschaftlichen Phänomen und zum Zeichen für eine zivilisierte Kultur geworden. Es sollten Jahrhunderte vergehen, bis es wieder so weit war.

III
Japan und Korea

Lebenskunst im Reich der aufgehenden Sonne

Man sieht sie vor einer prachtvollen verschneiten Landschaft verzückt in einer Quelle inmitten der Felsen baden – oder sich selig im dampfenden Wasser einer öffentlichen Badeanstalt aalen. Das klingt nach Klischee, ist aber Realität. Das Baden nimmt in Japan einen so hohen Stellenwert ein, dass es zu den besonders typischen Aspekten der japanischen Lebensart zählt. Manche bezeichnen diese Vorliebe als Leidenschaft, andere würden sogar von einer Sucht sprechen. In jedem Fall hat sich im Land der aufgehenden Sonne eine einzigartige Badekultur entwickelt. Sie reicht weit zurück in die Vergangenheit und hat im Gegensatz zu vielen anderen Traditionen nie einen Niedergang erfahren.

Anfangs dürften zwei Elemente entscheidend gewesen sein. Eines davon ist geologischer Art: Das vulkanisch geprägte japanische Archipel verfügt über mehr als 20 000 heiße Quellen. Dort, wo sie entspringen, haben sich im Fels regelrechte natürliche Badewannen gebildet, die förmlich zu einem Sprung ins Wasser einladen. In einigen Gebirgszonen kann man sogar Makakenfamilien in aller Freiheit beim Planschen beobachten. Das zweite Element ist kultureller beziehungsweise religiöser Art. Sehr bald schon betrachtete man die heißen Quellen, die *onsen*, als heilige Stätten, die sogar von den Göttern aufgesucht wurden. Es verwundert also nicht, dass viele zu beliebten Kultstätten des Shintoismus avancierten.

Diese rein autochthone, polytheistische und animistische Religion entstand in Japan bereits lange vor dem Buddhismus, der im 6. Jahrhundert Einzug hielt. Seither existieren beide Religionen nebeneinander und haben sich in vielen Bereichen sogar vermischt. Die meisten Japaner besuchen sowohl shintoistische Schreine als auch buddhistische Tempel. Der Shintoismus allerdings, der im 19. Jahrhundert aus rein politischen Gründen zur Staatsreligion erklärt wurde und es bis Ende des Zweiten Weltkriegs blieb, ist ihnen in Fleisch und Blut übergegangen. Er lehrt die Liebe zum Leben, ein harmonisches Verhältnis

Reine Harmonie. *Kein Japaner kann sich vorstellen, das wohltuende Bad in einer heißen Quelle nicht auch in einer schönen Landschaft zu genießen. Oben ein* onsen *vor dem heiligen Berg Fujiyama. Links sieht man eine junge Frau, die, im heißen Wasser sitzend, beim Baden ihren Gedanken nachhängt.*

zur Natur, Aufrichtigkeit sowie körperliche und geistige Reinheit. Wo ließen diese Prinzipien sich besser verwirklichen als in den *onsen*? Daher rührt, zumindest wenn man dem Soziologen Tadamori Matsuda Glauben schenkt, der sich selbst als »Onsenologen« bezeichnet, die unauslöschliche Leidenschaft seiner Landsleute für heiße Bäder. Seinen Studenten erklärt Matsuda, dass es sich dabei um ein religiöses Phänomen handle: »Wir Japaner haben, verglichen mit anderen Völkern, ein besonderes Gen, das Bade-Gen. Unsere altüberlieferte Wasserkultur hat unserem genetischen Erbe eingeprägt, dass die heißen Quellen eine positive Wirkung auf Körper und Geist ausüben.«

Der Zauber des *onsen*

Anfangs galten die heißen Quellen als geschützte Orte, in deren Nähe man häufig Tempel errichtete. Sie wurden von Kriegern bewacht, die dort ihre Wunden kurierten. Später erhielten auch Normalsterbliche Zugang; der Besuch heißer Quellen wurde zu einem typischen Bestandteil japanischer Lebensart. Zwar gibt es auf der Inselgruppe auch heute noch naturbelassene Quellen, die nur den in der Nähe lebenden Familien bekannt sind und ausschließlich von ihnen genutzt werden, die Mehrzahl der *onsen* jedoch wurde zu Badeanstalten ausgebaut. Ihre Anlage erfolgt nach genauen Regeln – vorzugsweise in einer gebirgigen Landschaft, die das Auge entzücken und den Geist beruhigen soll. Da 80 Prozent des japanischen Staatsgebiets aus Gebirge bestehen, ist diese Voraussetzung leicht zu erfüllen.

Theoretisch werden nur Stein und Holz verarbeitet, idealerweise Zedernholz. Das klassische *onsen* verfügt über ein Freibad, getrennte Umkleideräume für Männer und Frauen, Duschen, in denen man sich von Kopf bis Fuß kräftig einseift und anschließend gründlich abspült, Ruhe- und Speiseräume. Die Wassertemperatur beträgt mindestens 41 oder 42 °C. Das Baderitual läuft stets gleich ab und wird von allen peinlich genau eingehalten. Im Umkleideraum zieht man sich aus und schlüpft in einen *yukata* – einen einfachen Kimono –, häufig auch in spezielle Pantoffeln und nimmt sich zwei Handtücher: ein großes, das liegen bleibt und mit dem man sich vor Verlassen der Badeanstalt abtrocknet, und ein kleines, das man mitnimmt. Nun führt der Weg zunächst in den Duschraum, der oft zusätzlich mit Waschbecken und Holzschemeln versehen ist. Es folgt das heiße Bad im Freien, im Einklang mit

Natur pur. *Zwar nimmt die Zahl komfortabel ausgestatteter Badehäuser stetig zu, aber onsen in unverfälschter Natur wie hier in Takaragawa und kleine ländliche Unterkünfte stehen in der Gunst echter Badeliebhaber viel höher. Das Bad in einer heißen Quelle soll immer auch inneren Frieden schenken. Während der Anblick von Wasserdampf, der in einer natürlichen Umgebung langsam gen Himmel steigt (rechts), die Seele beruhigt, entspannt das Baden an sich den Körper (oben).*

der Natur – ein Moment der Glückseligkeit, vor allem im Winter. Es empfiehlt sich jedoch, dieses Bad nicht allzu lange auszudehnen und nicht öfter als dreimal täglich zu baden.

Die *onsen* sind bei Wochenendausflüglern und Urlaubern inzwischen so beliebt, dass sich Landgasthöfe – *ryokans* – in ihrer Nähe angesiedelt haben. Die Zimmer sind mit Strohmatten (*tatamis*) ausgelegt, und man schläft auf Futons. Wäsche, Seife und Shampoo werden gestellt, bei den Mahlzeiten kommen die Gäste in den Genuss der ganzen gastronomischen und ästhetischen Raffinesse, die die japanische Küche zu bieten hat. So verbinden sich die Liebe zur Natur, das regenerierende rituelle Bad in einer heißen Quelle, die Bewahrung der Traditionen und gutes Essen – Tadamori Matsuda zufolge die

Regeln und Riten. *Auch Baderituale (folgende Doppelseite) betonen die Natürlichkeit: Statt einen Badeanzug zu tragen, schlingt man sich ein weißes Tuch um die Hüften. Das kleine Handtuch auf dem Kopf dient dazu, sich kurz abzutrocknen, darf aber nie das Wasser berühren. Nacktheit gilt hier als die natürlichste Sache der Welt. Man muss schon aus einer anderen Kultur kommen, um daran Anstoß zu nehmen.*

Harmonie ist Trumpf. *Ein* onsen*, eine heiße Quelle, bleibt selten ohne* ryokan*. In Japan findet man diese Gasthäuser zu Tausenden. Manche haben ihren liebenswerten ländlichen Charakter bewahrt, andere, wie das hier abgebildete Chojukan in Hoshi, verwöhnen ihre Gäste nach allen Regeln der Kunst. In allen* ryokans *erhält der Gast bei seiner Ankunft einen* yukata*, Handtücher und Sandalen mit Holzsohlen. Während das Abendessen eine Gelegenheit zum Vergleich eleganter Roben bietet, sind die Gäste beim Baden im* onsen *alle fast oder vollständig nackt.*

goldenen Regeln japanischer Lebenskunst – zu einem großen Ganzen. Alles deutet darauf hin, dass seine Landsleute sich dieser Lebenskunst in Zukunft noch stärker zuwenden werden. Einige *ryokans* sind von beträchtlicher Größe und ähneln inzwischen eher den schicken und teuren europäischen Wellnesshotels, in denen man sich bei Diätkost einer Thermalkur oder Thalassotherapie unterziehen kann, als den traditionellen Gebirgsherbergen, die man aus der Vergangenheit kennt. Das gilt auch für das Minasaki Ryokan, ein sehr weitläufiges Hotel, in dem man den Gästen jeden Wunsch von den Augen abliest und sie mit einer sehr raffinierten traditionellen Küche verwöhnt. Japan besitzt heute 27 000 *onsen* und 16 000 *ryokans*. Es gibt nur wenige Japaner, die nicht mindestens einmal pro Jahr in einem *onsen ryokan* übernachten oder sich mit dem Bus zu den berühmtesten Quellen fahren lassen. Leidenschaftliche Anhänger dieser Badekultur verbringen dort sämtliche Wochenenden und ihren Urlaub. Und obwohl in den *onsen* zunehmend der Kommerz Einzug hält, verlieren die Gäste das Wesentliche nicht aus den Augen: das heiße Bad inmitten der Natur.

Die Zwanglosigkeit des *sento*

Die zunehmende Verstädterung und der aufkommende Buddhismus, demzufolge die Reinheit des Körpers untrennbar mit der Reinheit des Geistes verbunden ist, führten dazu, dass die *onsen* allein den Bedarf an Badegelegenheiten nicht mehr decken konnten. Da es in den meisten Landesteilen im Winter eisig kalt ist und die Wohnungen schlecht beheizbar waren, brauchte es Einrichtungen, in denen sich die Stadtbewohner aufwärmen konnten. Seit dem 8. Jahrhundert gibt es in Japan öffentliche Badeanstalten, die anfangs Tempeln oder Klöstern angeschlossen waren. Für diese Dampfbäder wurden spezielle Gebäude in der Nähe von Brunnen errichtet. Im ersten Raum wurde das Wasser in einem riesigen Bottich über einer Feuerstelle erwärmt. Über ein Leitungssystem aus Bambusrohren gelangte der entstandene Dampf in einen zweiten Raum, den *yuya*, in dem man sich nach erfolgter Reinigung auf flachen Holzbänken ausstreckte und dem Genuss des Dampfes hingab, bevor man in einem großen Gemeinschaftsbottich aus Stein oder Holz in heißem Wasser badete. Es gab unterschiedliche Arten solcher Bäder: zum Beispiel das *mushiburo* – das Dampfbad –, das *kamaburo* – das Steinbad (dabei verbrannte man Kiefernnadeln in einem Ofen, entfernte die Asche, versprengte Wasser im Badeofen und schwitzte im Dampf) – und das *todanaburo* – das Bad mit Schiebetür (man goss heißes Wasser in die Wanne des Dampfbades und schloss eine Schiebetür, damit sich der Dampf entwickeln konnte).

Badehäuser dieses alten Typs findet man offenbar nur noch in Kyoto. Während der Edo-Epoche (benannt nach der Hauptstadt Edo, die später den Namen »Tokio« erhielt), die vom 17. bis zur Mitte des 19. Jahrhunderts reichte, entwickelten sich die Städte rasant, und die öffentlichen Bäder wurden dem religiösen Einfluss entzogen. Sie erhielten die Bezeichnung *sento*, wurden aber im allgemeinen Sprachgebrauch als *machiyu* bezeichnet, was wörtlich »heißes Wasser (*yu*) der Stadt« bedeutet. Es entstanden immer mehr profane Bade-

Wellness- und Gesundheitskur. *Folgende Seiten: Ein Mann wäscht sich, bevor er das Heißbad betritt (links). Zwei Freunde im Thermendorf Gero plaudern, während das Wasser auf sie herabrieselt (rechts). Thermalwasser hat auch gesundheitliche Effekte. Die darin enthaltenen Elemente Schwefel, Eisen, Aluminium und Arsen wirken im Verein mit der entspannenden Wärme positiv auf das Allgemeinbefinden.*

かけ湯

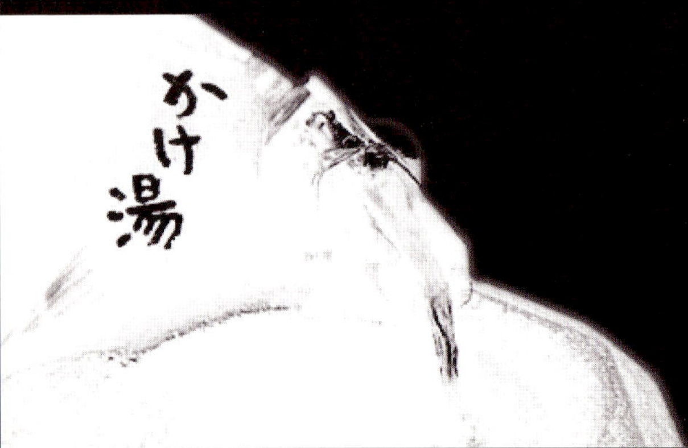

In heißem Sand baden. *Um ihren schmerzenden Knochen und eingerosteten Gelenken etwas Gutes zu tun, können Japanerinnen und Japaner sich am Strand von Kagoshima in schwarzen, 55 °C heißen Sand eingraben lassen.*

Ungewohnt, aber erträglich. _Ein Bad in dem sich von unten aufheizenden Sand dauert nicht länger als zehn Minuten. Anhänger dieser über 300 Jahre alten Therapiemethode berichten, man fühle sich danach leicht wie eine Feder._

鬼貫
湖龍齋画

häuser. Anders als in den Bädern der Tempel und Klöster, die man in einem weißen *yukata* betrat und in denen man schwieg, war man in den *sentos* nackt und konnte nach Belieben plaudern. Dem zunehmend härteren Konkurrenzkampf versuchten die Badehäuser mit dem Angebot weiterer Dienstleistungen zu begegnen: In den Ruheräumen wurden Speisen angeboten, die Frauen wurden von »Badern«, die Männer von »Baderinnen« betreut. Verstöße gegen die guten Sitten blieben nicht aus. In den *sentos* gingen Menschen aller Gesellschaftsschichten ein und aus. Diese warmen und gastfreundlichen Örtlichkeiten wurden zum Mittelpunkt des städtischen Lebens.

Inzwischen sind sie leider im Niedergang begriffen. Die Eigentümer verfügen nicht mehr über die Mittel, um sie zu unterhalten. Allerdings wurde in Tokio eine Gesellschaft zum Erhalt der *sentos* gegründet. Obwohl die Anhänger dieser Badekultur zu Hause häufig über erstklassig eingerichtete Badezimmer verfügen, bevorzugen sie die öffentlichen Badeanstalten wegen ihrer einzigartigen Atmosphäre, und viele bezeichnen sie als den einzigen Ort, an dem sie frei von sozialen Zwängen und beruflichen Rivalitäten in ihrer Nacktheit einfach nur sie selbst sein könnten. Dasselbe Phänomen ist in Südkorea zu beobachten, wo man sich bei der Einrichtung häuslicher Badezimmer trotz einer Verbesserung des Lebensstandards selbst in den Großstädten auf das Notwendigste beschränkt und lieber regelmäßig ein öffentliches Bad besucht.

Häusliche Rituale

Doch auch zu Hause pflegt man eine besondere Badekultur. Sie beginnt mit der Einrichtung des *furo*, des Baderaums. Die ersten privaten Badezimmer wurden in kleinen Nebengebäuden, abseits des familiären Trubels, untergebracht. Wände und Boden waren aus Holz. Diese Oasen der Ruhe grenzten immer an einen kleinen Garten, der dem Betrachter den Eindruck unberührter Natur vermitteln sollte. Er wurde sorgfältig gepflegt. Als Badewanne diente ein rechteckiger Bottich von 1,72 Metern Länge, über 80 Zentimetern Breite und 56 Zentimetern Tiefe, vorzugsweise aus einem Duftholz wie der japanischen Zypresse oder Schwarzkiefer. Dank seiner eindrucksvollen Größe konnte man sich darin ausstrecken, nur den Kopf herausschauen lassen und sanft im Wasser treiben. Ergänzt wurde die Einrichtung durch Hocker und traditionelle Becken, aus denen man bei der obligatorischen Reinigung vor dem Bad

Uralte Bräuche. *Mehr noch als das Eintauchen in eine heiße Quelle – ein Synonym für reines Vergnügen – gilt das* furo, *das häusliche Bad, als Inbegriff der japanischen Lebensart. Seit Jahrhunderten inspiriert es Schriftsteller, Maler und Dichter. Davon zeugt auch das Bild* Nach dem Bade *von Isoda Koryusai (links), der damit Ende des 18. Jahrhunderts ein Haiku von Onitsura illustrierte. Damals wie heute sind die Badeutensilien von raffinierter Schlichtheit – wie zum Beispiel diese Holzeimer (oben).*

Wasser schöpfte. Heute findet man solch herrliche Bäder nur noch auf dem Land, in luxuriösen Einfamilienhäusern oder Wohnungen mit Terrasse oder Innengarten. Die üblichen japanischen Wohnungen sind viel zu klein für traditionelle Baderäume, und die wundervollen Holzbadewannen werden von den Antiquitätenhändlern zu horrenden Preisen verkauft. Dennoch hat ein Teil dieser Kultur sich erhalten. Moderne Badewannen sind ebenso tief wie die alten Modelle, etwas kürzer, dafür aber breiter, sodass man ohne Weiteres zu zweit darin baden kann. Könnte man sich nicht darin ausstrecken und bis zum Kinn in etwa 40 °C warmes Wasser eintauchen, verlöre das Bad seinen Sinn und seine wohltuende Wirkung. Ein Holzdeckel sorgt dafür, dass das Wasser

Häuslicher Luxus. *Dem Brauch gemäß sollte das Bad Zugang zu einem kleinen Garten gewähren (links). Beim Einbau werden nur edle Materialien verarbeitet, jeder überflüssige Zierrat würde gewöhnlich wirken. »Schmutzig« zu baden gehört sich in Japan nicht. Erst wenn man sich gründlich gewaschen hat (oben), taucht man ins Badewasser ein. Dieser abendliche Ritus dient der Entspannung in angenehmer Stille.*

Waschen als Wissenschaft. *Japaner und vor allem Japanerinnen besitzen in der Regel eine beachtliche Menge an Seifen, Schwämmen und Bürsten von bemerkenswerter Qualität (oben). Eine hoch entwickelte Kosmetikforschung sorgt dafür, dass immer raffiniertere Cremes und Lotionen für Gesicht und Körper geschaffen werden.*

nicht kalt wird. Das Badezimmer – gerne mit Fußbodenheizung und sanfter Beleuchtung ausgestattet – enthält auch die zur Toilette erforderlichen Einrichtungen: Dusche oder Bottich, kleine Bank oder Hocker, denn es kommt nicht in Frage, schmutzig zu baden oder sich beim Baden zu waschen. Die Reihenfolge, in der die Familienmitglieder am Ende jedes Tages in die Wanne steigen, um sich geistig und körperlich zu entspannen oder zu meditieren, ist noch immer dieselbe wie in der Vergangenheit. Zuerst badet das männliche Familienoberhaupt, anschließend seine Ehefrau, dann sind eventuell weitere Familienmitglieder wie beispielsweise die Großmutter an der Reihe und schließlich die Kinder. Alle baden im selben Wasser, das heiß und sauber bleibt. Die Pflege dieser Tradition geschieht nicht nur um ihrer selbst willen, sie hat auch einen erzieherischen Effekt: Sie lehrt die Kunst der Gelassenheit und schult das sozial korrekte Verhalten.

Konsum kontra Tradition

Onsen, *sento* und ein abendliches Bad zu Hause – sollte das nicht ausreichen, um eine nationale Badeleidenschaft auszuleben? Offenbar nicht. In den letzten Jahren war die Entstehung neuartiger Aquaparks zu beobachten, sogenannter Wohlfühloasen, die so überdimensioniert sind wie die dazugehörigen Millionenstädte und so kitschig, als kämen sie aus Hollywood. Von den traditionellen Badehäusern sind sie Lichtjahre entfernt. Dennoch bezeichnen ihre Betreiber sie mit einem gewissen Zynismus als *onsen* und versichern, dass der Geist dieser Traditionshäuser auch in ihrem neuen Gewand gewahrt bliebe. Eines der erstaunlichsten Beispiele ist das Ho Edo Monogatari Onsen auf der Satelliteninsel Odaïda in der Bucht von Tokio, »das größte Wellnesszentrum der Welt«, wie der Direktor stolz verkündet. Es gibt gar keine Thermalquelle? Macht nichts! Man bohrt 1500 Meter in die Tiefe, um das heiße Grundwasser anzuzapfen und von einer Maschinerie, die eines Erdölbohrturms würdig wäre, in das Wasserbecken pumpen zu lassen. Weit und breit keine Natur? Es ist kein Problem, eine natürlich wirkende Kulisse zu schaffen. Wer dieses Bad besucht, zahlt 25 Euro Eintritt und hat die Möglichkeit, in einer riesigen Halle einkaufen zu gehen. Wer möchte, badet im Freien zwischen Felsen und Statuen. Das Wasser wird zwar heiß nach oben gepumpt, muss aber unter großem Energieaufwand auf der richtigen Temperatur gehalten werden. Besucher können sich

auf einem Laufband die Fußsohlen massieren lassen, sich eine Massage oder eine kosmetische Behandlung gönnen, in mit Fernsehern ausgestatteten Sesseln entspannen, alles Mögliche und Unmögliche kaufen, beispielsweise einen *yukata* oder Souvenirs, etwas essen, ein wenig trinken … Alles scheint einem hier zuzurufen: »Konsumiere, den Rest erledigen wir.«

Haben solche Aquazentren, diese Mischung aus Volksfest, historischer Nachbildung und Freizeitpark, noch etwas mit den *onsen* von einst gemeinsam? Diese Frage braucht man niemandem zu stellen, der Wert auf die authentische Bewahrung von Traditionen legt. Auch Hygieniker äußern sich kritisch zu den Aquazentren: Weder stamme das Wasser aus Thermalquellen, noch sei es ein Wundermittel. Vielmehr seien sie bei täglich 3000 Besuchern ein regelrechtes Sammelbecken für Bakterien. So könnte sich bald herausstellen, dass der Zusatz von Chlor unerlässlich ist. In diesem Fall würden die luxuriösen Badetempel zu ganz gewöhnlichen Schwimmbädern herabsinken.

Alles Gute für die Haut. *In Japan, Korea und China (oben links), eigentlich in ganz Südostasien, legen die Menschen großen Wert auf eine verführerische, makellose Haut, das äußere Zeichen guter Gesundheit. Noch der kleinste Pickel wird kosmetisch behandelt. Als beste Präventivmaßnahme und bestes Therapeutikum gelten jedoch die in den Thermalwässern enthaltenen Mineralstoffe und Spurenelemente (oben).*

Modeerscheinungen. *In Beppu (oben) baden begüterte japanische Avantgardisten und fahren dabei buchstäblich gen Himmel: Die Badewannen befinden sich in einer Seilbahn. Auch dies ist zweifellos eine Möglichkeit, sich der Kontemplation hinzugeben. Mitglieder der Yakuza hingegen, einer im Mittelalter gegründeten Organisation, die ursprünglich die kleinen Leute vor den Übergriffen der Samurai schützen wollte, baden vollkommen abgeschottet von der Außenwelt (rechts). Die Yakuza hat momentan circa 100 000 männliche Mitglieder und wird wegen ihrer kriminellen Aktivitäten, die dem organisierten Verbrechen zuzurechnen sind, und wegen ihres ausgeprägten Ehrenkodex häufig als »japanische Mafia« bezeichnet. Beim Eintritt in die Yakuza wird jedes Mitglied tätowiert. Haben diese beiden Gruppen etwas gemeinsam? Ganz offensichtlich das Baderitual.*

Sicher tragen auch triste Nachahmungen auf ihre Art dazu bei, Stress abzubauen, das Jahrhundertübel der hoch entwickelten Gesellschaften. Gelten für sie aber auch die Ideale der noch heute praktizierten japanischen Baderituale, die Westeuropäer zum Träumen bringen und die die Psychotherapeutin Joëlle Nouhet in einer wissenschaftlichen Zeitschrift als einen »spezifischen Aspekt der Beziehung zur Mutter und zur Gruppe«, als »tägliches Ritual des Übergangs und der Reinigung« bezeichnet? Führen uns diese Etablissements wirklich zurück »in den physischen und psychischen Kokon, zur primären Liebe«? Vielleicht werden sie genauso rasch wieder von der Bildfläche verschwinden, wie sie aufgetaucht sind. Welche Bedeutung hat ihr kurzes Dasein schon, verglichen mit der tausendjährigen Geschichte der *onsen*?

IV
Nordische Völker

Nichts als Kälte und Feuer

Die Nacht ist eisig, fremdartig und prachtvoll. Mit opalisierendem Blau färbt das blasse Mondlicht den Schnee, der unter den Schritten knirscht. Es herrscht völlige Stille. In der Nähe eines Birkenwäldchens versteckt sich unter einem tief herabgezogenen Dach ein winziges Holzhaus. Auf seinem First raucht ein Kamin. Warmes, gelbes Licht schimmert aus der Dachluke. Sollte dies ein Unterschlupf sein, wo der frierende Wanderer Stärkung erfährt, eine verzauberte Herberge, eine plötzlich Wirklichkeit gewordene Vision aus den Märchen unserer Kindheit? Es ist schlicht und einfach das Heilmittel, das die nordischen Völker gegen Kälte, Angst, Krankheit, Erschöpfung, erstarrte Körper und schwere Herzen entdeckt haben: das trockene Schwitzbad, von den Russen als isba*, von Finnen und Skandinaviern als Sauna bezeichnet. Im Innern dieses zauberhaften Refugiums erwarten einen weder Feen noch Hexen, sondern ein Paar oder eine Familie, die sich, ohne Kleider und still wie Buddhas, auf Bänken ausgestreckt haben.*

Wahrscheinlich stammt die Praxis des trockenen Schwitzbads aus vorgeschichtlicher Zeit; einer kühnen These zufolge datiert sie sogar bis in die Steinzeit zurück. Historiker, die sich nicht so weit vorwagen wollen, vermuten, dass die ersten Saunen vor etwa 2000 Jahren in Zentralasien entstanden und sich von dort aus zunächst in Russland und anschließend in Nordeuropa verbreiteten. Eine alte Quelle untermauert diese Hypothese. Der Grieche Herodot aus Kleinasien, der Urahn aller Reisenden, Geografen, Historiker und Berichterstatter, beschreibt um 425 v. Chr. den Brauch des Dampfbadens, den er bei den Skythen in einer heute zu Russland gehörenden Region beobachten konnte: »Nachdem sie drei Hölzer so aufgerichtet haben, dass sie sich gegenseitig stützen, umwickeln sie sie mit Wolle, um sie abzudichten. Dann werfen sie weiß glühende Steine in ein Gefäß in der Mitte.« Die Skythen, ein Reiternomadenvolk aus den Steppen Zentralasiens, waren im ersten Jahrtausend n. Chr. in das gesamte heutige Russland und die benachbarten Regionen vorgedrungen. Hatten sie aber immer und überall ihre rudimentäre Sauna dabei? Das wäre durchaus möglich.

Jedenfalls steigt seit Beginn der christlichen Zeitrechnung von Russland bis zur Mongolei, bis Lappland und Skandinavien der duftende Rauch der trockenen Schwitzbäder in die nordischen Himmel. Im Norden Russlands hat man Überreste von Holzhäusern aus dieser fernen Zeit entdeckt, die manchmal ganz oder zur Hälfte in den Boden eingegraben waren und offenbar für Schwitzbäder genutzt wurden. Ab dem 6. oder 7. Jahrhundert ging man in Finnland dazu über, anstelle improvisierter Schwitzhütten kleine Hütten aus Rundhölzern zu bauen und diese mit einem Ofen und dessen Rauch zu beheizen. Diese Hütten wurden *savusauna* oder »Rauchsauna« genannt und dienten häufig zugleich als Wohnstätten. Entgegen einer verbreiteten Meinung war die Praxis des Saunierens nicht auf frostige Länder beschränkt. Auch bei den Kelten finden sich entsprechende Spuren, entweder weil die Sauna Bestandteil ihrer eigenen Kultur war oder weil sie deren Gebrauch dank zahlreicher Kontakte zu anderen Völkern, insbesondere zu den Skythen, kennengelernt hatten.

Dienten nun die ersten Saunen rituellen Zwecken, der Behandlung von Krankheiten, oder sollten sie das damals recht harte Leben erträglicher machen? Forschungen der Ethnoarchäologen und Vergleiche der Bräuche von

Banja, Sauna, Glücksgefühle. *Die* banja *ist russisch, die Sauna finnisch. Links ein Stich aus dem 19. Jahrhundert, der eine* banja *zeigt. Die oben abgebildete Sauna wirkt wie ein Glücksversprechen.* Banja *wie Sauna sind für die Bekämpfung von Kälte, kleinen Beschwerden und Trübsinn wie geschaffen und gehören in beiden Ländern seit Ewigkeiten zum Leben.*

Spiele in Eis und Schnee. *Wie wird man am besten mit der Kälte fertig? Zum Beispiel, indem man sie zähmt. Genau das taten die Schweden, als sie 1989 in Jukkasjärvi in Lappland ein Eishotel bauten (vorhergehende Doppelseite), das im Sommer schmilzt und jeden Winter neu errichtet wird. Wer dies zu exotisch findet, um es auszuprobieren, kann eine schneebedeckte Landschaft auch als Spielplatz nutzen (unten). Zwischen zwei Saunasitzungen ist Abkühlung Pflicht. Zu diesem Zweck im Schnee herumzutoben hebt die Stimmung und erfrischt den Körper.*

Volksstämmen, die noch heute zumindest in einigen Bereichen einen uralten, in ihrer Kultur verwurzelten Volksglauben pflegen, lassen den Schluss zu, dass alle drei Vermutungen zutreffen. Ursprünglich könnte es sich tatsächlich um rituelle Feuerstellen für einen Feuerkult gehandelt haben, einen der frühesten Kulte, mit dem die Menschen ihre Angst vor der Dunkelheit bekämpften. Feuerkulte kennt man in allen Ländern, in denen Kälte und endlose Nächte vorherrschen. Der Ritus könnte auch von Schamanen zelebriert worden sein. Schamanismus im engeren Sinne ist allerdings ein spezifisch religiöses Phänomen aus dem sibirischen und zentralasiatischen Raum. Der Begriff selbst ist von dem tungusischen Wort *shaman* abgeleitet. Der Schamane ist der Meister des Feuers, er stellt eine Verbindung zwischen den Menschen auf der Erde und der Geisterwelt her, zelebriert Rituale und behandelt die Mitglieder seines Stammes aus der tiefen Überzeugung heraus, dass körperliche Krankheiten ein Ausdruck seelischer Krankheiten oder Befleckungen sind: Die Hitzekur, die

alles Schlechte aus dem Körper vertreibt und gleichzeitig die Seele läutert, wird zu einem Heilverfahren. Von dort ist es nur noch ein kurzer Schritt bis zur Nutzung von Schwitzbädern zur Krankheitsvorbeugung und für das eigene Wohlbefinden – ob mit oder ohne Schamane. Der magisch-religiöse Volksglaube vergangener Zeiten hat sich tief ins Unbewusste der nordischen Völker eingegraben, zumal diese, wie wir aus ihren Mythen und Legenden erfahren, lange in einer Welt lebten, die von geheimnisvollen Wesen bevölkert war. Es ist noch gar nicht so lange her, dass man in Finnland glaubte, der Geist der Erde lebe unter der Sauna, und sobald die Menschen die Sauna verlassen hätten, kämen die Feen, um sich dort zu erholen.

Nach Lust und Laune. *In Finnland verfügt fast jeder Haushalt über den Luxus einer Sauna. Das Feuer lodert, die Haut rötet sich, man löscht seinen Durst und tankt Ruhe (unten).*
Folgende Seiten: In Russland lebt man nach der Devise »Kälte gibt's nicht«. Links hat sich ein Mädchen ins Eisloch gewagt. Im Moskauer Gorki-Park (rechts) versucht eine Mutter, ihr Baby abzuhärten.

Schwarz oder weiß: die russische *banja*

Das Dampfbad, eine Spezialität der Polarländer von der russischen Tundra über die Mongolei, Lappland, Norwegen und Schweden bis Finnland, wurde dort zu einer Institution, welche die Jahrhunderte überdauerte. Die Örtlichkeiten und Anwendungen haben sich jedoch verändert. Die *banja* gibt der Woche ihren Rhythmus und verbindet Reinlichkeit mit Gesundheitspflege und Entspannung. In wohliger Wärme seift man sich kräftig von Kopf bis Fuß ein, bevor man sich ganz der Behaglichkeit hingibt. Auf dem Land, wo es weder an Platz noch an Holz mangelt, ist die *banja* noch immer ein Privatbad, das in einer kleinen Holzhütte, einer *isba*, untergebracht ist, vorzugsweise in der Nähe eines Flusslaufs, Sees oder wenigstens eines Brunnens. Traditionell war der Baderaum auf eine offene Feuerstelle ausgerichtet, deren Rauch die Wände schwärzte, was zu der Bezeichnung »schwarze *banja*« führte. Manche Russen bevorzugen noch immer diese einfache Form und die mehr oder weniger esoterischen Praktiken, rituellen Gebärden und Formeln, die mit ihr verbunden sind. Im Allgemeinen jedoch ist das offene Feuer durch einen geschlossenen Ofen mit Schornstein ersetzt worden (»weiße *banja*«). Ob schwarz oder weiß: Normalerweise wird die *banja* samstags, am Ende der Arbeitswoche, aufgesucht.

Die Wasserzufuhr, die über den Feuchtigkeitsgrad bestimmt, regelt jeder nach seinen Wünschen. Die *banja* wird häufig auch als *paritsia* bezeichnet, was wörtlich »im Dampfbad schwitzen« bedeutet. Der Ablauf ist stets derselbe: kräftiges Einseifen, Abspülen, Dampfbad, unterbrochen von Eiswasser-

Groß in Form dank kleiner Bräuche. *Russen und Osteuropäer lieben ihre Bäder. In den angenehm temperierten Räumen können sie sich ausruhen und plaudern. Gelegentlich spielen sie sogar, halb im Wasser sitzend, Schach (unten ein Bad in Budapest).*

duschen aus dem Brunnen im Freien oder, noch besser, durch Herumtollen im Schnee im Winter beziehungsweise ein kurzes Bad im Fluss oder See im Sommer. Ein Accessoire ist unverzichtbar: der *wenik*, ein Bündel trockener, belaubter, dünner Zweige, die man einweicht, um sie geschmeidiger zu machen, bevor man sich kräftig damit abschlägt. Die Frauen kennen von ihren Müttern – die dieses Wissen wiederum von ihren Müttern übernommen haben – eine ganze Reihe von Duftpflanzen, die sie ins Feuer werfen, um die aufsteigenden aromatischen Dämpfe einzuatmen, die je nach Pflanze verschiedene Erkrankungen wie Bronchitis, Allergien oder Rheumatismus heilen sollen.

Nun leben aber nicht alle Russen auf dem Land. Mit der Verstädterung entstanden daher öffentliche Badeanstalten. Dies waren keine *isba* mehr, sondern richtige Häuser mit allem, was man für die Körperpflege benötigte. Dort konnte man nicht nur in die mehr oder weniger feuchte Wärme ein-

tauchen, sondern auch in einem Kaltwasserbecken baden und die Dienste von Badern und Masseuren in Anspruch nehmen. Manche dieser Badeanstalten waren äußerst prachtvoll. Im 19. Jahrhundert kam auch General Vionnet, der mit Napoleons Heer in Moskau einquartiert war, in diesen Genuss. In seinen Memoiren hob er vor allem den Luxus dieser Einrichtungen hervor. Das Erstaunlichste waren für ihn jedoch die schwarzen, fast nackten Sklaven, die ihn auskleideten, bedienten und trugen, ohne dass er auch nur einen Finger rühren musste.

Der unverzichtbare wenik. *Dieses häufig aus Weidenzweigen bestehende Laubbündel darf in keiner russischen* banja *fehlen.* Weniki *werden in den meisten russischen Städten vor den öffentlichen Badeanstalten zum Verkauf angeboten. Auf dem Land fertigen Frauen sie bis heute in Handarbeit aus allen möglichen Pflanzen.*

Städtische Bäder für die gute Laune

Die prachtvollen Bäder von einst sind häufig nur noch Erinnerung. Das kommunistische Regime kümmerte sich kaum um ihren Marmor und ihren Stuck. Da

Der Luxus vergangener Zeiten. *Gold, Marmor, Stuck, filigrane Mosaiken, prächtige Schwimmbecken: Auf nach Budapest! Die Stadt der hundert Quellen war bereits zur Zeit der Römer ein Thermalbadeort. Später ließen die Osmanen dort die ersten Hamams bauen. Diese hoch entwickelte Badekultur blieb bis heute erhalten. Anfang des 20. Jahrhunderts reisten Gäste aus ganz Europa nach Budapest, um zu »kuren«. Bauwerke wie das Hotel Gellert (links und folgende Seite) – ein Meisterwerk des Jugendstils – entstanden. In dem hoteleigenen Bad kann man sich noch heute, wenn nicht wie ein Pascha, so doch wie ein Nabob fühlen.*

sie im Unterhalt zu kostspielig waren, ist von ihrer alten Herrlichkeit vielfach nur noch ein schwacher Abglanz geblieben, auch wenn ihre Nutzer hin und wieder selbst Hand anlegen und versuchen, sie zu restaurieren oder zumindest ihren völligen Verfall zu verhindern. Doch weil die *banja* zur russischen Tradition gehört und sich für die Hygiene und die Stimmungslage der Stadtbewohner, die häufig in Gemeinschaftswohnungen mit minimaler sanitärer Ausstattung lebten, längst als unverzichtbar erwiesen hatte, wurden neue öffentliche Bäder gebaut. Luxus adieu: In diesen modernen Badeanstalten gibt es keine architektonischen Finessen mehr, sondern nur das Nötigste: Waschgelegenheiten, die Möglichkeit, sich der Wärme auszusetzen und sich mit kaltem Wasser zu begießen, manchmal eine Terrasse, auf der man sich im Winter mit Schnee abreiben, herumspazieren oder herumrollen kann, und die Dienste von Badern und Masseuren. Die meisten dieser Bäder werden nicht mehr mit Holz, sondern mit Gas beheizt. Vor dem Eingang betreiben Verkäufer mit den traditionellen *weniki* ihren bescheidenen Handel. Die *banja* sind nach wie vor so beliebt, dass der bekannte russische Liedermacher Wladimir Wyssotzki ihnen sogar ein Lied gewidmet hat: *Die Ballade von der Banja*. Hin und wieder reservieren die reichsten Bürger, häufig als »neue Russen« bezeichnet, die gesamte Beletage, um dort ein Fest zu geben. Die gewöhnlichen Sterblichen nutzen die Einrichtung zwar auf bescheidenere, aber doch sehr gesellige Weise – auf der einen Seite die Männer, auf der anderen Seite die Frauen –, die durchaus etwas mit dem Treiben in einem japanischen *sento* oder einem orientalischen Hamam gemeinsam hat. Einige Bäder verfügen über eine Wäscherei, sodass man dort Körper- und Wäschepflege kombinieren kann, andere werden von kleinen Geschäften oder einem Kosmetiksalon ergänzt. Junge Mädchen und Frauen treffen sich dort mit ihren Freundinnen und gönnen sich nach der Badezeremonie noch eine Massage oder eine kosmetische Behandlung – glanzvolle Momente in einem meist grauen Alltag und eine Verjüngungskur für alle. Eine Volksweisheit besagt: »An einem Tag, an dem du ins Bad gehst, wirst du nicht älter.«

Kein finnisches Haus ohne Sauna

Noch untrennbarer als die *banja* mit der russischen Lebensart ist die Sauna mit den finnischen Lebensgewohnheiten verbunden. Ihren Namen, der finnisch-lappischen Ursprungs ist, erhielt sie vor rund einem Jahrhundert in Finnland, und hier ist auch ihre wahre Heimat – wer von der »finnischen Sauna« spricht, könnte also ebenso gut von »weißen Schimmeln« reden. Die meisten Saunen – etwa 1600000 – befinden sich in Privathäusern, das macht eine Sauna auf 3,5 Einwohner. Zunächst eine recht schlichte Einrichtung mit offener Feuerstelle, erfuhr die Sauna im Laufe der Zeit zahlreiche Verbesserungen, sodass die bekannte *savusauna* (Rauchsauna) nach und nach durch Saunen mit immer perfekteren, geschlossenen Öfen mit Rauchabzug ersetzt wurde und

Glückliche Isländer. *Island bedeutet übersetzt »Land aus Eis«. Wie zum Ausgleich für das raue Klima schenkte die Natur dieser sagenumwobenen Vulkaninsel heiße Quellen und Geysire, deren Fontänen überall gen Himmel schießen. Mit ihrer ausgeprägten Gabe, sich das Leben so schön wie möglich zu machen, haben die Isländer sie in Erholungsräume für Jung und Alt verwandelt.*

das Brandrisiko sank. Gleichzeitig wurden die Funktionen von Wohn- und Saunabereich stärker getrennt, auch wenn weiterhin ein Teil der häuslichen Arbeiten in der Sauna erledigt wurde. Vermutlich wegen der Annehmlichkeiten, die eine Sauna bot, vielleicht aber auch aus weniger rationalen Gründen brachte man gebärende Frauen sowie Kranke, deren Leben sich dem Ende zuneigte, in die Sauna. Hier nahm auch die Braut ihr symbolisches Reinigungsbad. Die heutige Sauna bietet zwar einen höheren Sicherheitsstandard und mehr Komfort, unterscheidet sich aber ansonsten kaum von ihren Vorgängern. Noch immer ist sie innen wie außen aus Holz, besitzt einen kleinen Vorraum, der als Umkleide dient, und einen Raum mit einer Bank, einem Schemel und Holzbottichen mit heißem und kaltem Wasser zum Waschen (oder eine Dusche). Anders als in Japan ist gründliches Waschen hier aber nicht Bedingung, denn man hält sich nicht im Wasser auf, sondern geht trocken in den Hauptraum. Beim Betreten nimmt man als Erstes den Duft des Holzes wahr – und das Vergnügen kann beginnen. Das Schwitzbad in einer Sauna läuft ganz ähnlich ab wie die *banja* in einer russischen *isba*. Auf dem Land saunierte man früher zusammen mit der ganzen Familie, zu der häufig auch die Knechte und Mägde gerechnet wurden, meist am Ende der Woche oder am Vorabend eines Festes. Heute schwitzen die Finnen ganz nach Lust und Laune und im Kreise der Kleinfamilie.

Unsere Erkundung der Badegewohnheiten in den Ländern des Nordens soll nicht ohne einen Abstecher nach Island zu Ende gehen. Im 9. Jahrhundert ließen sich die Wikinger, die aus Skandinavien gekommen waren, auf diesem »Land aus Eis« – so die wörtliche Übersetzung von Island – nieder und brachten ihren Glauben, ihre Kulte, Sagen und Legenden mit. Sie trotzten dem schrecklichen Klima und den kargen Landschaften dieser Insel, die so bezaubernd wie furchterregend waren. Doch auf Island verbinden sich Eis und Feuer: Die Wikinger stießen auf Geysire und unzählige heiße Quellen, Geschenke der vulkanischen Natur, von denen sie reichlich Gebrauch machten. Einige dieser Quellen sind kochend heiß, andere füllen natürliche Becken mit ihrem wohltemperierten Wasser – Oasen inmitten von Wüsten aus Eis. Die Quellen wurden verehrt, in Legenden besungen und bald auch zur Gesundheitsförderung, zur Entspannung und zum Vergnügen genutzt. Wie eine – allerdings deutlich entspanntere – Variante des Badens in einem japanischen *onsen* entwickelte sich das Bad in den heißen Quellen zu einem wichtigen Element der isländischen Lebenskunst, zum Wundermittel gegen Kälte und

Thermalbaden für alle. *Vorhergehende Doppelseiten: In Island wurden zahlreiche heiße Quellen mit überdachten Bädern oder Freibädern umbaut. Die Eintrittspreise sind für jeden erschwinglich. Hier sitzen Minister neben Geschäftsleuten, Angestellte neben Schülern und plaudern zwanglos miteinander. Die Quellen enthalten kieselsäurehaltigen Schlamm, aus dem hautfreundliche Salze extrahiert werden. Weil der Mensch auch etwas zum Träumen braucht, wurde eine der größten Badeanstalten in Reykjavík (rechts) Blue Lagoon getauft.*

Melancholie. Einige dieser Quellen sind naturbelassen, andere wurden zu Badeanstalten ausgebaut. Wieder andere tragen zur Wärmeversorgung der Städte bei und speisen die – meist kostenlos nutzbaren – öffentlichen Bäder. Viele Städter baden dort mehrmals pro Woche oder sogar täglich. Häufig dienen die Bäder auch als Klub, Bar und höchst demokratische Treffpunkte, an denen Isländer aller Schichten, vom Regierungsmitglied bis zum einfachen Arbeiter, zusammenkommen. Andernorts ist das tägliche warme Bad ein Luxus. Hier gehört es zu den elementaren Bedürfnissen. Die Vorliebe der Isländer für heiße Bäder ist so ausgeprägt, dass manche ihre Wohnungen mit einem kleinen Becken ausgestattet haben, das aus einer heißen Quelle gespeist wird. Abends nach der Arbeit empfängt man dort Freunde, badet gemeinsam, diskutiert und schlürft mehr oder weniger alkoholhaltige Getränke: Die traditionelle mitteleuropäische Einladungsfloskel »Kommt doch auf ein Gläschen vorbei« wird hier zu »Kommt doch zu einem Bad vorbei«. In isländischen Kurzentren werden Bäder mit Packungen aus dem kieselsäurehaltigen Schlamm der heißen Quellen kombiniert, um zum Beispiel stressbedingte Erkrankungen und Schuppenflechte zu behandeln. Neue Wellnesszentren entstehen, und es gibt Überlegungen, die Quellen für den Bädertourismus zu erschließen – Pläne, die bei traditionsbewussten Isländern und Umweltschützern auf heftige Proteste stoßen. Andere Isländer begnügen sich mit der Feststellung, dass sie sich den Genuss eines nächtlichen Bades in einer heißen Quelle mit Blick auf die Sterne oder das Nordlicht von nichts und niemandem nehmen lassen, ist dies doch das höchste Glück für die Bürger eines der sozial und politisch am weitesten entwickelten Länder der Welt.

V
Maghreb und Mittlerer Osten

Hamam – die erlaubte Sinnlichkeit

Leichten Schrittes geht sie dahin, am Arm eine große Tasche. Unter ihrem Kopftuch schauen einige störrische Haarsträhnen hervor, als suchten sie die Freiheit, und werden mit einer ungeduldigen Handbewegung zurückgeschoben: Wer hält sich schon mit Kleinigkeiten auf, wenn ein kleines Paradies wartet? Dieser Garten Eden hat einen Namen: Hamam. Sie weiß, was sie erwartet, wenn sie erst die Schwelle überschritten hat: Ruhe, einhüllende Wärme, alles, was sie braucht, um sich zu reinigen und schön zu machen, und das warme Einverständnis der anderen Frauen, die diese Zuflucht eine Zeit lang mit ihr teilen.

Fantasie und Wirklichkeit. *Im Hamam herrscht strenge Geschlechtertrennung. Jungen dürfen nur bis zu einem bestimmten Alter ins Frauenbad. Das hindert die männliche Fantasie natürlich nicht daran, sich mit badenden Frauen zu beschäftigen. So malte der tunesische Künstler Othman Khadraoui eine Badeszene hinter Glas (links), in der die Frauen so nackt sind wie Eva im Paradies, obwohl es untersagt ist, sich im Hamam komplett zu entkleiden. In Wirklichkeit sind Hamams vor allem ein Hafen der Ruhe. Manche von ihnen sind so bescheiden und gemütlich wie der unten abgebildete Hamam im syrischen Aleppo, in dem die Handtücher einfach zum Trocknen aufgehängt werden. Andere haben den Glanz vergangener Zeiten bewahrt, so zum Beispiel das Ganjali-Khan-Bad mit seinen prächtigen Fresken im iranischen Kerman (folgende Doppelseite). Es wurde 1631 erbaut und ist seit 1971 ein Museum, in dem Besucher sich über orientalische Baderiten und -bräuche informieren können.*

Der Hamam – das Wort bedeutet so viel wie »Wärmequelle« – orientierte sich ursprünglich am Vorbild der öffentlichen Bäder, die die Römer in den eroberten Gebieten, also auch in Arabien, eingerichtet hatten. Dann kam der Islam mit seinen strengen Reinheitsvorschriften. Während die Römer ihre Bäder ausschließlich aus hedonistischen Gründen erbauten, hatten die Araber religiöse Motive: Ihre Bauten sollten den Gläubigen die Möglichkeit geben, die Gebote des Propheten einzuhalten. So wie die Römer ihre Tempel und Thermen in alle Kolonien exportierten, errichteten die Moslems überall dort, wo sie Fuß fassen konnten, Gebäude, die sie als unverzichtbar für die Ausübung der Religion und ein funktionierendes Zusammenleben in der Gesellschaft erachteten. Für den Glauben bauten sie eine Moschee und eine *medersa* oder Koranschule, für die Versorgung mit Bedarfsgütern den Souk, für die Unterbringung der Karawanen die Karawanserei und für die Hygiene den Hamam, der häufig an die Moschee angegliedert war. Er wurde zu einem festen Bestandteil der orientalischen Stadt, angesiedelt zwischen dem Heiligen und dem Profanen, denn er war zwar für die Religionsausübung der Gläubigen erforderlich, aber keinesfalls eine Kultstätte.

Faszinierender Orient. *Im 19. Jahrhundert kamen Reisen in den Orient groß in Mode. Auch der Maler Edouard Debat-Ponsan reiste ins Morgenland und ließ sich dort 1883 zu dem Bild* Die Massage *(oben) inspirieren. Die dunkle Haut der kraftvollen Masseurin und die milchig weißen Rundungen ihrer Kundin vermitteln eine subtile Erotik. So mancher Westeuropäer erlag dem bezaubernden Charme der Hamams. Andere begeisterten sich vor allem für die Schönheit der Architektur, die Eleganz des Marmors, die raffinierte Beleuchtung. Rechts: Das Bad Yalbouga al-Nasri in Aleppo wurde von den Mamelucken im 16. Jahrhundert erbaut und prächtig restauriert.*

Baukunst und Lebenskunst

Unabhängig davon, welche Dynastie gerade an der Macht war, ob die Omayyaden (7. Jahrhundert) oder die Osmanen (14. bis 19. Jahrhundert), tauchten vom 7. Jahrhundert, in dem die arabische Expansion begann, bis ins 19. Jahrhundert hinein überall zwischen Maghreb und Mittlerem Osten, von Zentralasien bis Kleinasien und Europa, von Samarkand in Usbekistan bis Granada in Andalusien oder Mostar in Bosnien die großzügigen Kuppeln der Gebäude auf, die in westlichen Ländern später als »maurische« oder häufiger noch als »türkische Bäder« bezeichnet wurden.

Vom 8. bis zum 11. Jahrhundert war Bagdad, das früher Madina al-Salam, »Stadt des Friedens«, hieß, ein einzigartiger Hort der Kultur, des Wohlstands, der Toleranz und Zivilisation. In dieser Blütezeit gab es dort zeitgenössischen Berichten zufolge über 3000 Hamams, deren Luxus und Bequemlichkeit von

Bestandteil des Alltags. *In seiner Glanzzeit besaß Damaskus 200 Hamams. In Aleppo gab es in jedem Souk einen Hamam. Diese gehörten häufig zu einer bestimmten Zunft, wie der bis heute existierende Hamam der Kupfer- und Silberschmiede. Zahlreiche Hamams verfielen mangels Instandhaltung. Andere haben überdauert, so zum Beispiel das eindrucksvolle Bad Nour-ed-Din aus dem 12. Jahrhundert in Damaskus, das von der einfachen Bevölkerung genutzt wird. Wer dort, gewaschen und massiert, ausruht und Zwiebeln knabbert, dürfte sich fühlen wie ein Kalif …*

vielen gepriesen wurde. Aber auch fernab dieser Stadt aus Tausendundeiner Nacht, in Cordoba, Granada oder Sevilla, ließen sich Entdeckungsreisende von diesen Bädern bezaubern. Hamams wurden als Vermächtnis der Reichen für die Gemeinschaft gebaut: Um sich von einer Sünde reinzuwaschen, genüge es, so hieß es, eine öffentliche Badeanstalt zu errichten. Kalifen und andere bedeutende Persönlichkeiten besaßen zusätzlich Privatbäder in ihren Palästen, und es gab keinen Harem, der nicht über sein eigenes Schwitzbad verfügte, in dem Eunuchensklaven für Zucht und Ordnung sorgten.

Die frühen Hamams griffen die Bauweise der griechischen Bäder und der römischen Thermen auf. Von einem Umkleide- und Ruheraum, der häufig mit den Latrinen verbunden war, führten gewundene Gänge ins Zentrum:

Zunächst kam man in einen wohltemperierten Durchgangsraum, in dem man sich im Winter auszog, darauf folgten ein wärmerer und schließlich ein heißer Raum. Dort standen in Wandnischen Bänke für die fachkundige Behandlung der Badenden bereit. Sportstätten, Bibliotheken und sonstige Einrichtungen der griechischen und römischen Bäder, die man heute als »Freizeitausstattung« bezeichnen würde, gab es in den Hamams nicht: Körperliche Ertüchtigung stand nicht auf dem Programm, und um die Bildung kümmerte sich die *medersa*. Auch ein Schwimmbecken fehlte. In puncto Hygiene hingegen gab es große Fortschritte. Weil stehendes Wasser, wie es die Römer in ihren Thermen benutzten, als schmutzig und damit für Waschungen ungeeignet galt, wurden die Wasserbecken der Hamams mit fließendem Frischwasser

Austausch von Neuigkeiten unter der Kuppel. *Früher konnte man im Hamam einer Stadt den Puls fühlen, das wussten auch die Machthaber. Heute werden dort hauptsächlich die kleinen Ereignisse des Alltags besprochen: Das Thema Fußball etwa nimmt in den Unterhaltungen der Männer einen wichtigen Platz ein.*

Aushängeschild. *Im Maghreb und im Mittleren Osten weisen häufig naiv gestaltete Schilder auf öffentliche Bäder hin. An der Fassade des Hamams Al Salsila in Damaskus übernehmen hübsche Malereien diese Aufgabe (oben rechts und rechts). Sie zeigen typische Szenen, hier das wechselseitige Einseifen zweier Männer und den Genuss einer Wasserpfeife – Letzteres gehört zu den Lieblingsbeschäftigungen von Hamam-Besuchern und gilt als der Gipfel meditativer Entspannung. Oben links eine Kollektion von Duftseifen.*

gespeist. Auch das Problem der Belüftung und Belichtung der Räume wurde auf besondere Art gelöst: Während der Umkleideraum, der von einer Kuppel mit Oberlicht überwölbt war, auf einem Tambour (einem von Fenstern durchbrochenen zylindrischen Unterbau) ruhte, gab es im Zentrum des Hamams keinerlei Belüftung: Hier waren die Mauern besonders dick, um die Hitze zu halten.

Viele kleine, zu geometrischen Figuren angeordnete und mit dickem Glas geschlossene Öffnungen in den Kuppeln und Gewölben ließen das Tageslicht herein. Die Heizanlage und die Brennstoffvorräte befanden sich in einem Nebengebäude. Die Beheizung, anfangs wie bei den Römern durch ein in Boden und Wände eingelassenes Leitungssystem aus Ton sichergestellt, wurde im 12. Jahrhundert durch einen von der Feuerstelle ausgehenden

Rauchkanal ersetzt – mit der Folge, dass die Haupträume nun entlang dieses Kanals angeordnet wurden. Auf dieser Grundlage entwickelten sich im Laufe der Jahrhunderte regionale Varianten: So baute man in Ägypten zur Zeit der Mamelucken-Sultane (14. bis 16. Jahrhundert) Hamams, deren Räume kreuzförmig oder in zwei parallelen Gebäuden angeordnet waren. Ein im Osmanischen Reich erbauter Hamam aus dem 16. Jahrhundert bestand aus zwei benachbarten Gebäuden, einem für die Männer, einem anderen für die Frauen, in deren Zentrum jeweils ein kreuzförmiger Raum lag, in dessen Winkeln sich weitere kleine Räume befanden. Die Hamams in den moslemischen Ländern des Westens hingegen standen ganz in der Bautradition der andalusischen Omayyaden, die sich durch ihre schlichte Eleganz auszeichnete. Ihr Hauptelement war ein von Säulen getragener und von Galerien umgebener Kuppelsaal. Bis heute folgt die Bauweise vieler städtischer Hamams diesem omayyadischen Modell, wenn auch in einer vereinfachten Form.

Einer tunesischen Redensart zufolge darf sich ein Architekt erst dann Architekt nennen, wenn er ein Minarett, ein Mausoleum, einen Brotbackofen und einen Hamam gebaut hat. In der Tat gehört das öffentliche Bad wie die Moschee oder die *medersa* zu den schönsten Ausdrucksformen der arabischen Architektur. Seine harmonischen Raummaße, die sanften Formen und Kuppeln, die meisterliche Lichtführung, die zurückhaltende Außengestaltung, die von großer Verfeinerung zeugende Innenausstattung und die subtile Veredelung des Elements Wasser durch Rieselanlagen, Wasserspiele und reflektierende Oberflächen aus Marmor und Mosaikkacheln lassen den Hamam zu einer Oase stiller Schönheit werden. Kein Wunder, dass manche der erhalten gebliebenen traditionellen Hamams heute zum Weltkulturerbe zählen.

Religiöse Pflicht und Vergnügen

Die Männer, die sich im Hamam der Reinigung ihres Körpers widmeten, um dem Reinheitsgebot des Propheten – »Die Reinheit ist die Hälfte des Glaubens. Der Schlüssel zum Gebet ist die Reinheit« – Folge zu leisten, entdeckten zunehmend auch das sinnliche Wohlbehagen, das nur der Hamam zu spenden vermochte, und genossen es ohne jedes Schuldgefühl. Sinnlichkeit und Epikurismus gelten im Islam nicht als sündig. Sie sind Bestandteil der arabischen Kultur und wurden bereits in der vorislamischen Liebeslyrik besungen.

Die goldenen Hände der Masseure. *Was wäre der Hamam ohne die Anwendungen, die auf das heiße Dampfbad folgen? Wie ein Säugling seiner Mutter, überlässt sich der Badende ganz den kundigen Händen, die ihn einseifen, mit reichlich kaltem Wasser abwaschen und anschließend kraftvoll und geschickt massieren. Ein Hamam-Masseur ist bestens vertraut mit der menschlichen Anatomie: kein verspannter Muskel, kein widerspenstiges Gelenk, das unter seinen goldenen Händen nicht wieder geschmeidig würde. Nicht umsonst stammt das Wort Massage von dem arabischen Wort* mass *ab, was so viel bedeutet wie »vorsichtig berühren«.*

Tatsächlich ist der Aufenthalt in einem Hamam ein äußerst sinnliches Vergnügen. Die Architektur mit ihren sanften, fast mütterlichen Formen, die umhüllen, ohne einzuschließen, das diffuse Licht, die gedämpften Geräusche und die laue, wohlriechende Luft lassen ein Klima der Ruhe und Erholung entstehen. Diese Atmosphäre wird durch ein weiteres Element gefördert, das den Hamam von einem gewöhnlichen öffentlichen Bad unterscheidet: das fachkundige Personal. Nachdem man das Schwitzbad auf dem heißen Marmor hinter sich gebracht hat, vertraut man seinen Körper den geübten Händen des Hamam-Masseurs an: Begonnen wird mit der Reinigung, anschließend folgt eine Massage. Der gesamte Körper wird kräftig durchgeknetet, die Arme und Beine werden gedehnt, die Gelenke geschmeidig gemacht, die Muskeln gelockert. Lange galten die Hamam-Masseure als Bewahrer einer über 1000 Jahre alten

Männer unter sich. *Im Hamam findet der Besucher alles, was er braucht. Im Empfangsraum erhält er die unverzichtbaren Holzlatschen (vorhergehende Seiten, links), um sich im heißesten Raum nicht die Füße zu verbrennen. Dort kann er plaudern, wie hier im Kardiga in Istanbul (vorhergehende Seiten, rechts), bevor er, häufig gemeinsam mit seinen Freunden oder jüngeren männlichen Familienmitgliedern, das eigentliche Schwitzbad (rechts eine Aufnahme aus der Türkei) aufsucht. Vielleicht wundert er sich auch ein wenig über die Verklemmtheit westlicher Besucher …*

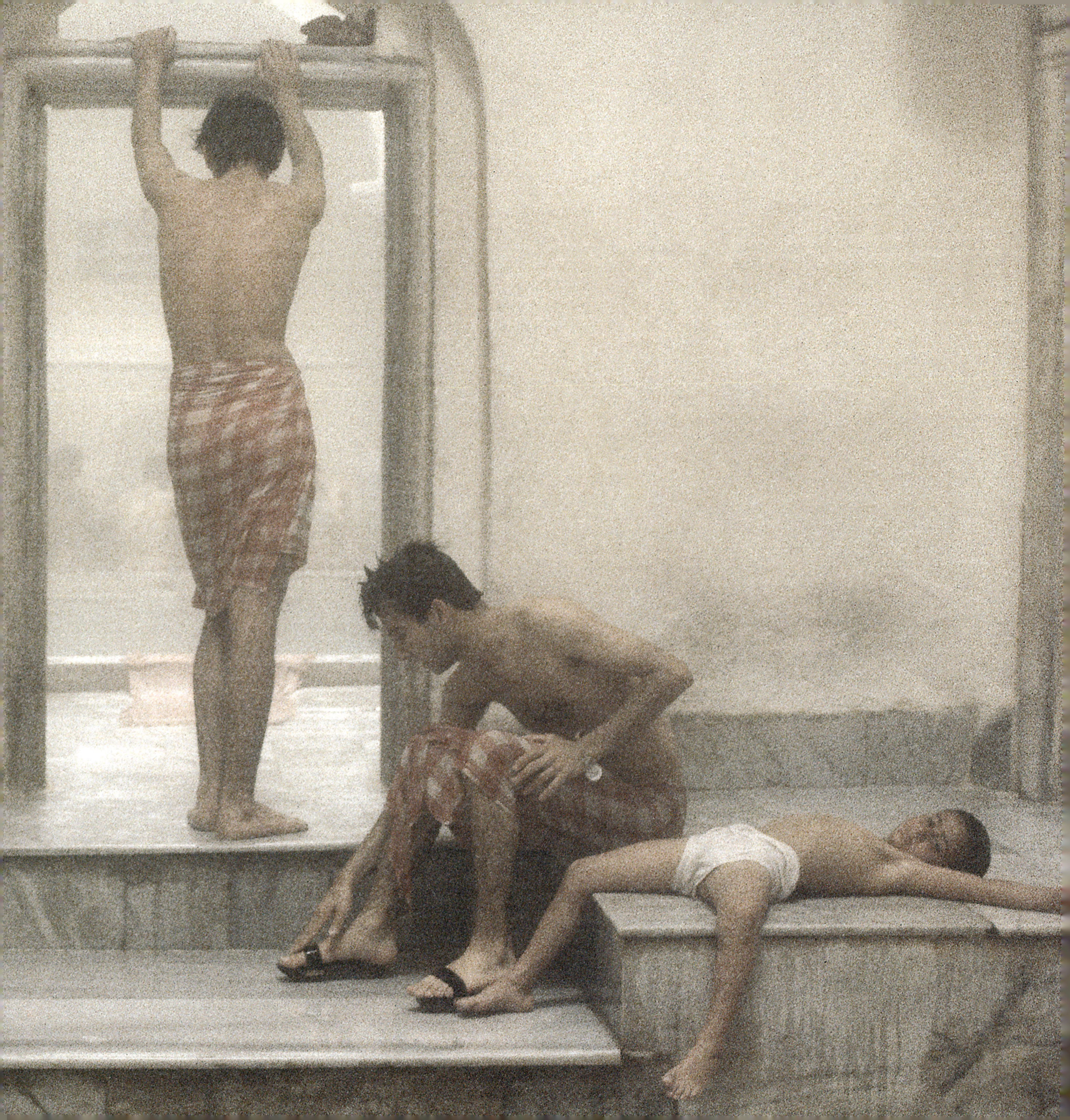

Ruhe, Schönheit, Freiheit. *Der »Frauentag«, ob in diesem Hamam in Marrakesch oder in irgendeinem anderen im Maghreb, im Mittleren Osten oder im Westen, ist eine willkommene Auszeit für die Frauen. Sachkundige Pflege in freundschaftlicher Atmosphäre, sahniger Seifenschaum, Düfte und Gelächter und die Freiheit, ganz man selbst zu sein: An diesem Tag fühlt sich jede Frau wie eine Prinzessin aus Tausendundeiner Nacht.*

Kunst, die häufig von einer Generation an die nächste weitergegeben wurde und dem Wissen und der Technik heutiger Osteopathen in nichts nachstand. Die Masseure wissen um die wohltuenden Wirkungen ihrer Kunst: Wer den Hamam nach einer solchen Behandlung verlässt, ist aufs Neue gerüstet für die Kämpfe des Alltags.

Der Hamam und die Frauen

Für Männer ist der Hamam ein Ort der Entspannung, Ruhe und Geselligkeit. Für Frauen ist er all dies und noch mehr. Eigentlich müssten alle Mosleminnen – wie auch ihre andersgläubigen und atheistischen Geschlechtsgenossinnen, die den Hamam für sich entdeckt haben – den Namen des arabischen Gelehrten Avicenna bis in alle Ewigkeit preisen. Bis zum 12. Jahrhundert war dem weiblichen Geschlecht in der arabischen Welt nämlich der Zugang zu den öffentlichen Bädern verwehrt. Doch dann bezeichnete Avicenna, einer der bekanntesten Ärzte des Mittelalters, dessen Lehren sich in ganz Westeuropa verbreiteten, den Hamam als einen »stummen Arzt«, der Krankheiten vorzubeugen und bestehende Krankheiten zu heilen vermöge. Also wurde Müttern, Ehefrauen und deren Töchtern der regelmäßige Besuch des Hamams erlaubt, um ihre Gesundheit zu erhalten. Die Frauen zögerten nicht lange, und fortan gehörte der Besuch im Hamam zu den größten Freuden ihres Daseins. Die Regeln und Riten erlernen sie schon als kleine Mädchen, wenn sie ihre Mütter und Großmütter ins Bad begleiten. Knaben sind dort so lange zugelassen, bis die aufmerksam wachende Bademeisterin in deren Augen den ersten Schimmer der Neugier, Zeichen des Erwachens der Sinne, aufblitzen sieht und verkündet, dass es für sie nun an der Zeit sei, auf die Seite der Männer zu wechseln.

Frauen bleiben unter sich, so lautet die Regel. Damit die Geschlechter nicht doch aufeinandertreffen, haben die Frauen entweder einen eigenen Hamam oder festgelegte Besuchszeiten. Im letzteren Fall wird ein weißes Handtuch vor die Tür gehängt, um jeder absichtlichen oder unabsichtlichen Vergesslichkeit männlicherseits vorzubeugen. Wie bei den Männern ist auch bei den Frauen völlige Nacktheit verboten. Die Frauen schlingen sich ein leichtes Handtuch (*fouta*, in türkischen Hamams *pestemal* genannt) um die Hüften. Für die Reinigung des Intimbereichs stehen kleine Kabinen zur Verfügung. Was folgt, ist das reinste Vergnügen: Schwitzen und Kaltwassergüsse in wechselnder Folge,

Einseifen, Abspülen, Haarewaschen und – falls gewünscht – Färben, Peelings mit Spezialgeräten, Massagen, Einreibungen mit Duftölen, Gesichtspflege, Pediküre und Maniküre, Henna. Seit über 1000 Jahren verfügen die arabischen Frauen somit über ein Fitnesszentrum inklusive Kosmetikinstitut, das, da es einschließlich der unzähligen Schönheitsprodukte für jeden Geldbeutel erschwinglich ist, auch noch zutiefst demokratisch ist. Während die Männer ein

Eine Frage der Atmosphäre. *Der Hamam ist heute auch im Westen so beliebt, dass er zum Standard vornehmer Hotels (hier das Hotel La Majun in Südtirol) gehört (oben links). Ein Whirlpool, Mosaiken, Kerzen: Hamam-Atmosphäre, jedoch ohne das gewisse Etwas (oben rechts).*

Mit einem Quentchen Humor. *Erinnert sich der tunesische Maler Othman Khadraoui hier an seine Kindheit, als er seine Mutter noch in den Hamam begleiten durfte, oder hat ihm jemand vertrauliche Informationen zukommen lassen? Alles auf diesem Hinterglasbild, abgesehen von der Nacktheit der Frauen, wirkt authentisch: die Kulisse, die kleinen Beutel mit den persönlichen Gegenständen und das fröhliche Einvernehmen der Badenden.* *Siehe auch Seite 86.*

oder höchstens zwei Stunden im Hamam verbringen, halten sich die Frauen dort einen halben Tag lang auf. Dabei wird die Körperpflege-Prozedur von weiteren angenehmen Ritualen unterbrochen: Die Frauen ruhen, plaudern, trinken Minztee und knabbern Gebäck.

Mehr noch als für die Männer ist der Hamam für die Frauen ein Ort, um sich mit ihresgleichen zu treffen. Das bedeutet nicht, dass es keine Unterschiede gäbe. Einige wohlhabendere Frauen legen durchaus Wert darauf, ihren Reichtum durch üppigen Schmuck, luxuriöse Schatullen, raffinierte Kleidung und extravagante Handtücher zur Schau zu stellen, und das ruft gelegentlich Verärgerung hervor. Andere beanspruchen dreist ein Becken oder eine Banknische, die normalerweise von einer Stammkundin genutzt wird. Dann kann der Ton schon einmal schärfer werden. Bräute werden häufig von ihrer künftigen Schwiegermutter zum Hochzeitsbad begleitet – ein vergnüglicher Vorgeschmack auf die bevorstehende Vertrautheit, aber auch eine Gelegenheit für die Ältere, mit einem nicht immer nachsichtigen Blick das körperliche Erscheinungsbild und das Verhalten der zur Ehe Versprochenen in Augenschein zu nehmen. Gelegentlich nutzen auch professionelle Ehestifterinnen das Bad, um junge Frauen ausfindig zu machen, die sie einem potenziellen Ehemann vorschlagen können. Bleibt noch zu erwähnen – dies aber nur aus Freude an augenzwinkernden Anspielungen –, dass untreue Ehefrauen (natürlich nur in alten arabischen Märchen) den Hamam durch die eine Tür betreten und verschleiert durch eine andere Tür verlassen haben sollen, um ihren Geliebten zu treffen. Wie dem auch sei: Tatsache ist, dass der Hamam der Frauen die erotischen Fantasien der Männer im Allgemeinen und der heutigen Schriftsteller im Besonderen schon oft beflügelt hat.

Ein Ventil für die Psyche

Der Hamam ist für viele Frauen nicht zuletzt auch deshalb unersetzlich, weil sie Zwängen gehorchen müssen, die sich aus der Religion, den Sitten, einem patriarchalischen Familien- und Eheverständnis und der täglichen harten Arbeit ergeben. Am Hamam schätzen sie nicht nur die wohltuende Hitze und die sinnlichen Rituale der Körperpflege, sondern auch, dass sie sich dort mit anderen Frauen austauschen, sich ihnen anvertrauen, Rat einholen oder erteilen, den häuslichen Alltag vergessen und ungeniert spotten und lachen können

wie junge Mädchen. Schon im 18. Jahrhundert schrieb die scharfsinnige Lady Montague, die ihren Mann, der in Konstantinopel Botschafter war, begleitete: »Diesen Frauen steht tatsächlich kein anderer öffentlicher Ort außer den Bädern zur Verfügung, wo sie nur von Personen ihres Geschlechts gesehen werden. Dies bietet ihnen eine Unterhaltung, die sie sehr schätzen.« Seither hat sich nur wenig verändert. Während in Ländern wie der Türkei, die Anfang des 20. Jahrhunderts eine laizistische Revolution erlebte, Abgeschiedenheit und Unterordnung nicht länger zwingende Koordinaten eines Frauenlebens sind, ist der Hamam für viele unserer Zeitgenossinnen im Maghreb oder in Ländern, in denen fundamentalistische Kräfte dominieren, noch immer das, was er schon immer war: ein Ort, an dem Frauen in mehrfacher Hinsicht Dampf ablassen können, ein erlaubtes Vergnügen, eine Gelegenheit, etwas für sich selbst zu tun, und ein Ventil für die Psyche.

Abschließend soll noch an die Rolle erinnert werden, die der Hamam in der westlichen Vorstellungswelt spielte. Viele Orientreisende, die einen Hamam besuchten – man muss kein Moslem sein, um dort Zutritt zu erhalten –, ließen

Drei Tücher, nicht mehr und nicht weniger.
Anspruchsvolle bringen ihre eigenen Hamam-Handtücher mit, alle anderen begnügen sich mit geliehenen Exemplaren. Ob Frau oder Mann, jeder benötigt drei: zum Trocknen der Haare, des Körpers und als Hüfttuch oder Lendenschurz. Hier im Hamam Cagaloglu in Istanbul warten die pestemalar, *zu ordentlichen Ballen gerollt, auf die Besucher.*

sich von dieser Erfahrung verzaubern. Wenn die japanischen Baderituale sie zu beeindrucken vermochten, wenn der Wechsel zwischen trockener Hitze und Eiswasser in den Saunen des Nordens sie zurückscheuen ließ, so hat der Hamam die zu verführen verstanden, die sich auf ihn einließen. Im 19. Jahrhundert kam der Orient sehr in Mode: »Vor Konstantinopel bricht das wurmstichig und rissig gewordene Europa ein. Der gesamte Kontinent wendet sich dem Orient zu«, schrieb Victor Hugo in *Aus dem Morgenlande*. Weiter genährt wurde die Fantasie der Europäer von Berichten der Orientreisen. So ließen sich beispielsweise französische Leser von Gérard de Nervals *Die Frauen von Kairo* verführen und träumten vom Hamam, den Nerval als ein von glücklichen Schatten bevölkertes Paradies beschrieb.

Bei der Bevölkerung orientalischer Länder, die lange mit der gleichen Selbstverständlichkeit in den Hamam ging wie in den Souk, weckt das öffentliche Bad kaum solche poetischen Assoziationen, denn die meisten Hamams sind eher bescheiden ausgestattet und werden von den Bewohnern des jeweiligen Viertels oder Dorfes ohne viel Aufhebens aufgesucht. Diese Bäder genügen nur den wichtigsten Anforderungen: Körperpflege, Geselligkeit, Abstand vom Alltag. Doch auch dort taucht man ein in einen Freiraum, einen träumerischen Zustand, der längst versunkene Erinnerungen an das sichere Geborgensein im Mutterleib wachruft.

Sollten die Hamams eines Tages vollständig durch private Badezimmer ersetzt werden, weil ihr Unterhalt zu kostspielig und ihr Betrieb zu wenig rentabel ist, verschwände mit ihnen ein wesentliches und auf subtile Weise für sozialen und psychologischen Ausgleich sorgendes Element der arabischen Kultur.

Höchster Genuss. *Im Hamam eines Hotels in Barein überlässt sich eine junge Frau der Pflege ihrer Schönheit. Das Schwitzbad hat ihre Poren geweitet. Nach dem Einseifen, einem Ganzkörperpeeling und der Entfernung der Körperhaare befördert eine Massage mit köstlich duftenden Ölen sie in die Märchenwelt von Tausendundeiner Nacht (links). Schon zu Scheherazades Zeiten benutzten die Frauen zur Schönheitspflege* ghassul, *Seife und Henna (oben).*

VI
Westliche Paradoxien

Der lange Weg zum Hedonismus

»Tausend Jahre ohne Bad.« Diese bestürzte Feststellung, die hygienischen Verhältnisse im mittelalterlichen Frankreich betreffend, stammt aus der Feder Michelets. Auf den ersten Blick hatte er recht: Die Freude an einer hoch entwickelten Bade- und Körperkultur, wie sie noch die Antike ausgezeichnet hatte, verschwand für lange Zeit aus den Sitten und Gepflogenheiten der Westeuropäer, auch wenn nach dem Chaos der großen Invasionen eine neue Zivilisation entstand.

Die Gründe hierfür sind überwiegend religiöser Natur. Während das Judentum die Reinheit des Körpers als Voraussetzung für die Reinheit des Geistes betrachtete und auch der von Mohammed begründete Islam das Bad und die Körperpflege als wesentlichen Teil der Glaubensausübung betrachtete, nahm das immer mächtiger werdende Christentum eine entgegengesetzte Haltung ein. Wollte es auf diese Weise mit dem Heidentum brechen, mit den spätrömischen Ausschweifungen, der Sittenlosigkeit der Thermen? Jedenfalls wurde der Körper im Christentum über viele Jahrhunderte im besten Falle gleichgültig behandelt, meist jedoch sogar verdammt.

Im 5. Jahrhundert hielt der Gelehrte und Kirchenvater Augustinus in seiner Ordensregel fest: »Eure Kleidung soll nach dem Entscheid des Vorstehers gewaschen werden … damit nicht ein übertriebenes Verlangen nach einem sauberen Gewand eure Seele im Innern beschmutze. Ein Bad für den Leib ist keineswegs abzulehnen, wenn die schwache Gesundheit es erfordert. Es geschehe … alles, was für die Gesundheit erforderlich ist, selbst gegen den Willen des Betroffenen. Verlangt dieser etwas, obwohl es ihm nicht zuträglich ist, dann soll man seinem Begehren nicht entsprechen. Manchmal glaubt man nämlich, das Angenehme sei auch nützlich, während es tatsächlich schadet.«

Die Apostolischen Verfassungen, die seit dem Ende des 4. Jahrhunderts das Leben in christlichen Gemeinschaften regeln, empfahlen den Frauen, sich nicht zu intensiv und nicht zu häufig zu waschen. Tägliches Waschen sei durch nichts zu rechtfertigen. Die Mönche des Hochmittelalters, deren Verhalten als beispielhaft galt, nahmen durchschnittlich zweimal im Jahr ein Bad.

Wie kam es zu dieser Verdammung des Badens? Henry Havelock Ellis, ein von Freud sehr geschätzter englischer Arzt, der Anfang des 20. Jahrhunderts die Sexualforschung ins Leben rief, entwickelte in einem seiner frühen Werke eine hochinteressante Theorie, der zufolge der Badekult ein Körperkult und die Haut eine erogene Zone ist. Daher provoziere jede Handlung, die auf die Schönheit und Sauberkeit der Haut abzielt, in je nach Situation mehr oder weniger starkem Maße die Leidenschaften, denen die Christen den Krieg erklärt hatten. Havelock Ellis schließt: »Die Moral ist offensichtlich: Lieber lässt man die vergängliche Hülle unseres Körpers im Schmutz baden, als Gefahr zu laufen, die strahlende Reinheit des unsterblichen Geistes zu beschmutzen.«

Michelet allerdings ließ sich wie so oft von seinem Überzeugungswillen und um der Pointe willen dazu hinreißen, es mit der historischen Wahrheit nicht allzu genau zu nehmen: Tatsächlich waren es nicht tausend, sondern weniger

Das wiedergefundene Erbe. *Das prachtvolle, verblüffend modern wirkende Mosaik aus der römischen Villa Armerina auf Sizilien stammt aus dem 4. Jahrhundert n. Chr. und zeigt Athletinnen am Rand eines Schwimmbeckens (links). Auf der oben abgebildeten Zeichnung aus dem 16. Jahrhundert von Paolo Farinati versucht Homer, bei Nausikaa Mitleid für den nackt gestrandeten Odysseus zu wecken. Die Wertschätzung des Körpers, wie sie in diesen Kunstwerken zum Ausdruck kommt, ist ein Erbe der griechisch-römischen Antike.*

Von einer Renaissance zur nächsten. *Eines der berühmtesten Porträts von François Clouet zeigt Diana von Poitiers im Bad (unten). Hier atmet alles den freiheitlichen Geist der Renaissance, die den Hedonismus des Altertums neu für sich entdeckte. Rechts: Der englische Badeort Bath, wo schon die Römer ein großes Thermalbad errichteten, hat zu seinem alten Glanz zurückgefunden. Heute erlebt auch das Baden eine Renaissance.*

als 300 Jahre ohne Bad. Entgegen der leider allgemein verbreiteten Ansicht herrschte etwa in England und Frankreich im Mittelalter mehr Sauberkeit als im 19. Jahrhundert. Bauern und Bäuerinnen badeten in Brunnen, in Quellen, denen eine Heilwirkung und positive Auswirkungen auf die weibliche Fruchtbarkeit nachgesagt wurden, und in Wasserläufen. Im Haus benutzte man einen hölzernen Zuber und ein Tuch, um sich zu waschen, und selbst wenn sicherlich nicht täglich, ja nicht einmal wöchentlich oder monatlich gebadet wurde, so wusch man sich doch innerhalb der Familien nackt, etwa am Vorabend wichtiger religiöser Feste, vor Erntedankfesten und zu besonderen Gelegenheiten, beispielsweise als Braut vor der Hochzeit. In den Burgen bot man einem hochrangigen Gast als Willkommensgruß ein Bad an, und die jungen Mädchen und die Hausherrin höchstpersönlich wuschen den Gast, der so nackt war wie Adam vor dem Sündenfall, ohne dass irgendjemand darin etwas Wollüstiges gesehen hätte. Selbst die katholische Kirche setzte nicht jede Form des Badens mit einer Sünde gleich. Während das »Reinigungsbad« relativ schlecht angesehen war, blieb das Gesundheitsbad erlaubt, ja es wurde sogar empfohlen, insbesondere in Thermalwasser. Im 9. Jahrhundert sammelte Karl der Große neue Kraft in den heißen Quellen von Aachen, wo er seine Kaiserpfalz hatte errichten lassen. Im 11. Jahrhundert schließlich wurden Körperhygiene und Thermalbäder dank des Einflusses von Avicenna und der Ärzteschule von Salerno, der ersten ihrer Art in Europa, als notwendig für die Gesundheit erachtet.

Und ganz Paris begab sich ins Schwitzbad

In den Städten hingegen, die sich allmählich bevölkerten, wenn nicht gar übervölkerten, stand es deutlich schlechter um die allgemeine Sauberkeit. Die Pariser mussten in der Seine baden, die im Winter recht kalt werden konnte. Das änderte sich gründlich, als die Kreuzritter, die den Hamam im Orient kennen- und schätzen gelernt hatten, diesen Brauch mit nach Hause brachten – allerdings ohne die damit verbundene Moral. Als unvorhergesehene Folge der vermeintlich frommen Expeditionen tauchten nun die ersten öffentlichen Bäder auf. In England, Frankreich und Deutschland gab es bald keine größere Stadt mehr, in der man nicht »ins Schwitzbad« gehen konnte. Das goldene Zeitalter der öffentlichen Bäder währte vom 13. bis zum 15. Jahrhundert.

Quellen aus dem 13. Jahrhundert erwähnen eine Zunft von Badern, die zuvor in der Regel den Beruf des Barbiers ausgeübt hatten. Im Jahr 1292 verfügten die 70 000 Einwohner von Paris über 26 Bäder. In das Konzert der Marktschreier, das morgens durch die Straßen schallte, mischte sich eine neue Stimme: »Hört ihr Leut' und lasst euch sagen, kommt herbei zum Schwitzen, Baden, unsere Bäder, die sind heiß, dass es jeder weiß.«

Und das Volk hörte und besuchte die Schwitzbäder. Häufig kamen ganze Familien, und man schwitzte, wenn es die Temperatur zuließ, sehr leicht bekleidet. Auch die Provinzstädte mussten bald nicht mehr ohne Bäder auskommen. Ob die Bäder nun – zumindest theoretisch – über getrennte Einrichtungen für Männer und Frauen verfügten oder ob beide Geschlechter gemeinsam badeten wie in Deutschland, das öffentliche Bad erlebte überall einen Aufschwung. In der Regel gehörte dazu ein Saal für heiße Bäder, der ein großes Gemeinschaftsbecken und mehrere Bottiche mit Platz für ein bis zwei Badende enthielt, und schließlich das eigentliche Dampfbad mit trockener oder feuchter Hitze und mehreren Reihen von Holzbänken. Die ausschließliche Nutzung des Dampfbads kostete zwei Heller. Wer außerdem das Wohlbehagen eines heißen Bades genießen wollte, musste vier Heller bezahlen.

Das Bad wurde mit großen Öfen beheizt. Die heiße Luft strömte durch Löcher in der Kuppel in das Schwitzbad, das aus einem Wasserlauf oder Brunnen stammende Wasser wurde in hölzernen Leitungen herangeführt – alles in allem fast wie in den russischen Bädern. Bald wurde die Nutzung des öffentlichen Bades so selbstverständlich, dass sich zunehmend auch die arbeitende Bevölkerung den Besuch leistete. Die Bäder waren nicht nur für ihre Betreiber lukrativ, sondern auch für die örtliche Obrigkeit, die entsprechende Abgaben kassierte. Zur gleichen Zeit setzten sich Wohltätigkeitsinstitutionen dafür ein, auch den Ärmsten den Zugang zu ermöglichen. Mit anderen Worten: Zu jener Zeit waren die öffentlichen Bäder eine gesamtgesellschaftliche Angelegenheit. François Villon widmete ihnen sogar ein Gedicht: »Jenin l'Avenu, va-t'en aux estuves, et toi là venu, Jenin l'Avenu. Si te laves nu, Et te baigne ès cuves, Jenin l'Avenu, Va-t'en aux estuves.« Villons Zeilen sind so bezaubernd wie boshaft: Im Frankreich des 15. Jahrhunderts war *jenin* ein Synonym für den gehörnten Ehemann.

Was aber suchten die Männer und Frauen, die so eifrig die öffentlichen Bäder frequentierten? Sauberkeit? Natürlich. Wärme in der kalten Jahreszeit? Ohne jeden Zweifel. Das Vergnügen, sich dort frottieren, abreiben, epilieren,

Das Mittelalter: besser als sein Ruf. *Jede Stadt hatte ihr Schwitzbad, in dem man sich nicht nur wusch, sondern offenbar auch gemeinsam feierte, wie die frivole Illustration einer Handschrift aus dem 15. Jahrhundert nahelegt (links). Prüde Zeiten folgten. Die öffentlichen Bäder schlossen ihre Pforten, und die Künstler begannen von den Bädern des Orients zu träumen, wie auf dem unten abgebildeten Aquarell der Altdeutschen Schule aus dem 16. Jahrhundert zu sehen ist.*

Verherrlichung des Körpers. *Oben und rechts: Dieselben üppigen Formen, dieselbe perlmuttfarben schimmernde Haut, dieselbe Sinnlichkeit. Mit der Schule von Fontainebleau im 16. Jahrhundert – das Gemälde oben zeigt Diana mit dem Hirsch – endete zunächst die Darstellung des nackten Körpers. Erst bei den Künstlern des 19. Jahrhunderts feierte die Nacktheit neue Triumphe, wie auf Ingres' Gemälde* Türkisches Bad, *das unter dem Einfluss von Reiseberichten aus dem Orient entstand.*

einölen und von einem Barbier rasieren zu lassen? Wahrscheinlich. Doch offenbar verlangte das körperliche Wohlbefinden nach zusätzlichen Genüssen: nach Speisen und Getränken, einem Fest mit Freunden ... und nach gewissen galanten Spielen. Die meisten Schwitzbäder eigneten sich dafür besonders gut, da sie häufig auch als Schenken dienten und über abgeteilte Nischen und zu vermietende Zimmer verfügten, in denen sich Liebespaare trafen und Feste unter Freunden stattfanden. Wie die römischen Thermen dienten auch die mittelalterlichen Schwitzbäder vor allem dem Vergnügen. Schon bald gerieten sie in den Ruf, auch Schauplätze wilder Ausschweifungen zu sein, wo Dirnen neben tugendhaften Ehefrauen badeten. Dies war in vielen Fällen mehr als ein Gerücht. Diesmal reagierte die Kirche, und die Sitten- und Zügellosigkeit wurde von den Kanzeln herab verteufelt, ja sogar verflucht.

Im Namen der Hygiene. *Im 16. Jahrhundert galt das Baden nicht nur als unmoralisch, es war angeblich auch unhygienisch. Fast drei Jahrhunderte später wird es derselben Hygiene wegen empfohlen, insbesondere Männern, wie diese Bildtafel aus einem 1901 in Deutschland erschienenen populärwissenschaftlichen Buch zeigt. Jetzt trug das Baden allerdings den wissenschaftlichen Namen »Hydrotherapie« und fand vorzugsweise in kaltem Wasser statt, was jeden Gedanken an verbotene Sinnenfreuden im Keim erstickt haben dürfte.*

Hinzu kam, dass die Pest, die 1348 in ganz Europa gewütet hatte, hier und da wieder aufflammte. Dies rief die Ärzte auf den Plan: Das heiße Wasser, das die Poren der Haut weite, mache sie durchlässiger für Krankheitskeime. Man glaubte, dass sich die Erreger der Pest und auch der Syphilis in den Bottichen der Badehäuser tummelten. Damit war das Los der öffentlichen Bäder besiegelt: Im Namen der Moral und der Prophylaxe wurde die Sünde mitsamt dem Bade ausgeschüttet.

Die Renaissance – der Beginn einer finsteren Zeit

Ende des 15. Jahrhunderts ordnete der englische König Heinrich VIII. die Schließung der öffentlichen Bäder an. In Frankreich schlug ihre Stunde 1566, als die Generalstände von Orléans die Schließung der Freudenhäuser und damit auch der daran angegliederten Schwitzbäder verfügten. Paradoxe Renaissance: Die geistige Aufgeschlossenheit wuchs, man knüpfte an die große Zeit der griechisch-römischen Antike an, und bedeutende Humanisten wie Erasmus, Montaigne und Rabelais rückten den Menschen und seine Entwicklung in den Mittelpunkt ihrer Philosophie. Doch obgleich der weise Montaigne sich nicht vorzustellen vermochte, »dass es uns besser gehen sollte, wenn unsere Glieder verkrustet und unsere Poren von Schmutz verstopft sind«, propagierte die herrschende Moral eher einen frommen Geist in einem schmutzigen Körper. Man rieb sich mit trockenen Tüchern ab und sorgte für saubere Unterkleider, bestenfalls wusch man sich Gesicht und Hände. Der Schmutz wurde unter Schminke und Salben versteckt; die Haare wurden nicht gewaschen, sondern gepudert, und unangenehme Körpergerüche mit Parfüms überdeckt. Es gab keine Wannen mehr, keine Badezimmer, höchstens ein Kämmerchen für die Intimpflege. Was war aus dem sinnlichen Vergnügen des Badens geworden? Auch wenn das Bad abgeschafft wurde, lebten die Badelust oder vielmehr der Badeinstinkt doch heimlich weiter, jederzeit bereit, wieder aufzutauchen. Unter Ludwig XV. fand die Moral der Kirche weniger Anklang. Eine subtilere Sinnlichkeit suchte nach Ausdrucksmöglichkeiten, und mit ihr kehrte auch das Bad zurück.

Die Badezimmer wurden nicht nur mit Wannen, sondern oft auch mit den neu entwickelten Bidets ausgestattet, die aus Anstandsgründen zwar meist als Möbelstücke getarnt waren, aber – oft sogar in Anwesenheit anderer Familienmitglieder – benutzt wurden. Noch mindestens zwei Jahrhunderte lang konnte auch auf dem Gebiet der Hygiene in Westeuropa von Gleichheit keine Rede sein. An der Spitze der Gesellschaftspyramide standen die, die Rang und Namen hatten, die Vermögenden, die intellektuellen Freigeister, alle, die die Mittel oder die Kühnheit besaßen, heiße Bäder zu nehmen – denn inzwischen gab es auch wieder öffentliche Bäder, die schick und teuer waren. Unten stand das Volk, dem jeglicher Komfort vorenthalten wurde und das noch immer der strengen religiösen Moral unterworfen war, in der Nacktheit als Sünde galt. Doch einmal in Gang gekommen, ließ sich der Prozess nicht mehr aufhalten: Im Laufe des 19. Jahrhunderts kam das Baden allmählich wieder zu seinem Recht.

Im Namen des Wohlbefindens. *Ende des 19. Jahrhunderts gehörte die Badekur schon fast zu den gesellschaftlichen Verpflichtungen. So pflegte man seine Gesundheit und zugleich sein Ansehen. Das Behandlungsangebot war schon damals recht vielfältig, wie diese romantische Postkarte aus dem Jahr 1898 bezeugt, die die Wohltaten eines Moorbades preist, ohne das Schamgefühl des Betrachters zu verletzen.*

F.VAL

Die Engländer, inzwischen Meister in der Herstellung von Badewannen, gingen mit gutem Beispiel voran: Nach und nach eroberte sich die Badewanne ihren Platz in den Wohnhäusern der Reichen, der Kurtisanen, der Frauen von Welt und schließlich auch in den Häusern der Bürger. Die Methoden der Wassererwärmung wurden verfeinert, oder man ließ sich das Wasser oder gleich das ganze Bad einschließlich Wanne und Wasser von den Badeetablissements liefern, die wie Pilze aus dem Boden schossen und sich gegenseitig mit ihren Werbemaßnahmen überboten. Ende des Jahrhunderts eröffneten im Zuge der allgemeinen Orientbegeisterung die ersten Hamams, die ihren Vorbildern im Mittleren Osten durchaus ebenbürtig waren und häufig auch über ein kleines verglastes Schwimmbecken verfügten. Manche Hamams waren den Männern, andere den Frauen vorbehalten. Auch das medizinische Wissen machte Fortschritte: Pasteur bewies die Existenz von Mikroben und die Vorteile der Keimfreiheit. Körperhygiene galt wieder als wirksames Mittel, um seine

Die Wiederentdeckung der Nacktheit. *An der Wende zum 20. Jahrhundert wird der weibliche Körper erneut von den Malern verherrlicht. Auch Félix Vallotton (links) und Edgar Degas (oben) huldigen der weiblichen Nacktheit, der eine kühn, der andere voller Feingefühl, und knüpfen damit an die Kunst der Antike und der Renaissance an: Verbannt sie nur, die weibliche Schönheit, am Ende kehrt sie doch zurück.*

Die Schönen im Bade. *Kaum in Mode gekommen, werden Badewannen und Duschen auch schon als Requisiten weiblicher Verführungskunst in Szene gesetzt. Im Viktorianischen Zeitalter lautete die Botschaft: In intimer Kulisse können Unterkleider durchaus etwas Freizügiges haben (unten). 1955 wagte es Billy Wilder, Marilyn Monroe für* Das verflixte 7. Jahr *in der Wanne zu filmen, mit nichts als Schaum bedeckt. Das sollte Schule machen (rechts).*

Gesundheit zu erhalten und sich vor ansteckenden Krankheiten zu schützen. Ein neues, ebenfalls von den Engländern entwickeltes Badeaccessoire, die Duschwanne, kam genau zur rechten Zeit, um diese guten Vorsätze in die Tat umzusetzen.

Das 20. Jahrhundert: Hygiene wird selbstverständlich

Auch die Stadtväter sorgten sich um die Hygiene ihrer Bürger. Man verlegte Wasserleitungen und baute Schwimmbäder. Von England ausgehend, verbreiteten sich neue Badeanstalten, die wenig Eintritt kosteten und in erster Linie hygienischen Zwecken dienten: die Duschbäder. Einzelkabinen, heißes Wasser, Seife – nicht der geringste Luxus, aber ausreichend, um Sauberkeit mit den wiederentdeckten Vorzügen eines heißen Bades zu verbinden. Die öffentliche Hand sorgte dafür, dass es derartige Einrichtungen bald in jeder größeren Gemeinde gab. Hauptnutzer waren die Frauen mit ihren Kindern. Die öffentlichen Duschbäder hielten sich bis zum Ende des Zweiten Weltkriegs, um dann nach und nach für immer zu verschwinden.

In Frankreich wurde die Hygiene zur Zeit der Dritten Republik zu einer gesamtgesellschaftlichen Angelegenheit. Im Ethikunterricht stand sie auf dem Lehrplan. Mit zunehmender Verbesserung der Wasserversorgung wurden Badezimmer, Badewannen und Duschen auch bei der Bauplanung berücksichtigt. Die in den 1930er Jahren erbauten Sozialwohnungen waren bereits mit einfachen Badezimmern ausgestattet. Wie intensiv sie genutzt wurden, ist eine andere Frage. Baden war ein Luxus, ein Vergnügen, das man sich für gewöhnlich samstags gönnte. Noch 1984 lebten 62 Prozent der Französinnen und 72 Prozent der Franzosen nach diesem Rhythmus und begnügten sich an den übrigen Tagen mit einer Katzenwäsche. Dann wurde Amerika, ein Land, in dem sehr viel häufiger gebadet wurde, zum großen Vorbild. Jetzt war Schluss mit dem überflüssigen Schnickschnack im Badezimmer, Funktionalität war gefragt. Die Frauenmagazine entdeckten das Badezimmer als einen Ort der Schönheitspflege und der Verführung. Bilder von Stars, die im Schaum versinken, luden zum Träumen ein. Nach und nach wurde wieder mehr Gewicht auf die Körperpflege und das damit verbundene Vergnügen gelegt. In den 1980er Jahren ging der Trend in Richtung Intimität und Aufwertung des Körpers, und das Badezimmer wurde zu dessen Symbol: Einrichtungsmagazine

priesen Designerentwürfe an und sprachen statt vom Badezimmer nur noch vom »Badesalon«. Eine neue Phase folgte, in der Badewannen, Waschbecken, Duschen und Saunakabinen mit den raffiniertesten Zusätzen versehen wurden: Es gab Duschköpfe mit Massagestrahl, Whirlpool-Badewannen und vieles mehr. Mit dem technischen Fortschritt setzte sich eine neue Auffassung durch: Baden galt wieder als sinnliches Erlebnis.

Die neuen Schönheitswässer. *Die Vorzüge des Thermalwassers waren schon in der Antike bekannt. Als Thermalbäder und Thalassotherapien in Mode kamen, begnügte man sich nicht mehr damit, das Wasser zu trinken wie in den Kurbädern des 19. Jahrhunderts. Nun wollte man alle Vorteile, die das Wasser für die Gesundheit und Schönheit der Haut zu bieten hatte, ob im Schwefelwasser der Thermen auf Guadeloupe (oben), im Schlamm (rechts) oder im Wasser (folgende Doppelseite) des Toten Meeres, nutzen.*

Hedonismus – eine Waffe gegen den Stress

Seit dem Ende des 20. Jahrhunderts zeigt sich ein weiteres Phänomen: Stress gilt als das große Übel unserer hoch entwickelten Gesellschaften. Gleichzeitig wird es zu einer Art sozialer Pflicht, seinen Körper in einwandfreiem Zustand zu erhalten und sich so lange wie irgend möglich ein jugendliches Aussehen zu bewahren. Das Mittel der Wahl sind Wellnesskuren. Thalassozentren und Thermalbäder begnügen sich nicht mehr damit, Krankheiten oder Verletzungen zu behandeln, und entwickeln Fitness- und Wellnessprogramme. Hotels, in der Regel Luxushotels, bieten Wochenkuren und Kurzaufenthalte an, bei denen man Anwendungen mit Diäten und Freizeitaktivitäten kombinieren kann, und überall schießen Spas wie Pilze aus dem Boden: in den Städten, den Touristenregionen und in fernen Ländern, die sich in Sachen Körperpflege einer ehrwürdigen Tradition rühmen können. Wer über die nötigen Mittel verfügt, kann dort einen Hamam oder eine Sauna besuchen, sich eine Dusche, ein Peeling oder eine exotische Massage gönnen und sich von Kopf bis Fuß verwöhnen lassen – Entspannung pur in der Wohlfühloase.

Sind diese neu entdeckten Badefreuden nur ein Strohfeuer oder eine neue Kultur, die Bestand haben wird? Die Zukunft wird es erweisen. Doch wer wollte wohl noch auf den Zauber eines Bades, auf die Sinnlichkeit der Körperpflege, auf all diese wiederentdeckten Freuden verzichten?

VII
Aus aller Welt

Reinigungsriten

Der Mensch wird geboren, entwickelt sich, nimmt einen Glauben an, leidet unter körperlichen oder seelischen Krankheiten, kann Taten begehen, die seinen Ruf beflecken und möglicherweise zu seinem Ausschluss aus der Gemeinschaft führen, und stirbt. Überall auf der Welt ist jede dieser Etappen seit Menschengedenken mit Initiationsriten, Reinigungsriten, Riten der Wandlung und Wiedergeburt verbunden. Im Mittelpunkt dieser Riten steht in den meisten Fällen das Wasser, die Quelle allen Lebens, das Symbol der Reinheit und Erneuerung, sei es in seiner flüssigen Form oder als Dampfbad.

Zweite Geburt. *In vielen traditionell geprägten Regionen Afrikas, wie hier rechts in Mali, sowie in Indien und Südostasien gehört ein Neugeborenes erst dann wirklich zur menschlichen Gemeinschaft, wenn die Verunreinigungen, die es aus dem Limbus mitgebracht hat, abgewaschen sind. Bei dieser »zweiten Geburt« erhält es häufig auch seinen endgültigen Namen.*

Ein Neugeborenes – zerknautscht, wimmernd und feucht ist es dem mütterlichen Leib entschlüpft. Zu seinem Empfang bereiten wir ihm als Erstes ein Bad. In den modernen Gesellschaften sieht man darin nicht mehr als einen Akt unverzichtbarer Hygiene, ohne zu bedenken, dass sich dahinter ein sehr viel tieferer Sinn verbirgt, der den archaischen Kulturen, insbesondere in Afrika, noch vertraut ist. Viele Ethnien sehen in Babys, diesen geheimnisvollen Wesen, die Reinkarnation von Vorfahren, andere glauben, das Neugeborene habe in einem rätselhaften Limbus darauf gewartet, einen Schoß zu finden. In jedem Fall stammt es aus einer finsteren Welt voll übler Ausdünstungen, von denen es befreit werden muss, um ein vollwertiger Mensch werden zu können – in einer Metall- oder Plastikwanne, einer Kalebasse, manchmal auch nur auf dem Schoß der Mutter. Das Baby wird mit Wasser benetzt und von oben bis unten gründlich abgerieben. Oft wird es regelrecht geschrubbt. In einigen Regionen Afrikas, aber auch in Indien und bei den australischen Aborigines bekommt es sein erstes Dampfbad. Im Rahmen einer Zeremonie hält man es vorsichtig über ein Feuer, dem Duftkräuter zugesetzt sind, in Indien beispielsweise wohlriechender Assand oder Weihrauch. Sie sollen die Dämonen vertreiben.

Ob es sich nun um ein rituelles oder ein modernes, der Hygiene dienendes Bad handelt – der Sinn ist im Grunde derselbe: Es erleichtert den Übergang von einem Existenzzustand in einen anderen. Dieser Ritus kann dazu dienen, etwas über die Identität des neuen Erdenbürgers zu erfahren. Im Gebiet der Tamberna im Norden Togos badet die Älteste des Clans das Kind in einem mit Kräutersud angereicherten Wasser, das therapeutische und prophetische Kräfte besitzen soll. Während des Bades enthüllen ihr die Geister, mit denen sie in Verbindung getreten ist, welcher Vorfahre sich in diesem Kind reinkarniert und bestimmend für sein künftiges Leben sein wird. Für Milliarden von Christen ist die Taufe – eine Art zweite Geburt – das erste Ritual ihres Lebens. Früher wurde ein Täufling vollständig ins Wasser eingetaucht.

Heutzutage wird nur noch sein Kopf benetzt, doch der Symbolgehalt ist derselbe geblieben: Der Täufling wird von der Erbsünde reingewaschen, erhält seinen Namen, wird unter göttlichen Schutz gestellt und in die christliche Gemeinschaft aufgenommen. In vielen Religionen gilt die Mutter nach der Geburt als unrein, da ihr Körper bei der Entbindung mit Blut und anderen Körperflüssigkeiten in Berührung gekommen ist. Bevor sie in die Gemeinschaft zurückkehrt, muss sie sich nach einer gewissen Zeit einem heilbringenden Bad unterziehen.

Initiationsriten

Initiationsriten sind zwar aus den modernen Gesellschaften weitgehend verschwunden, kennzeichnen in traditionellen Kulturen aber noch heute wichtige Stufen der individuellen Entwicklung. In Afrika, wo man sie bereits für mehr oder weniger verloren hielt, ist sogar eine gewisse Belebung dieser Riten festzustellen. Sie markieren den Übergang von einem Lebensstadium in ein anderes und gehen mit der Notwendigkeit der Reinigung einher.

Insbesondere junge Afrikanerinnen feiern in der Pubertät den Abschied von der Kindheit und ihre Wiedergeburt als heirats- und fortpflanzungsfähige Frau durch ein Bad. Bäder spielen auch beim Voodoo-Kult, der in bestimmten Regionen Afrikas, in Haiti und Brasilien praktiziert wird, eine Rolle, ebenso wie in den afrobrasilianischen Religionen Candomblé und Macumba. In den afrikanischen, hinduistischen, moslemischen oder jüdischen Traditionen ist auch das Hochzeitsbad noch aktuell. Vor der Eheschließung wird die Braut,

Freude über die Initiation. *Eine junge Frau aus Mali wäscht sich im Niger (oben). Häufig bereiten sich heiratsfähige Mädchen durch ein solches Bad auf die Feier der Initiation vor, durch die sie in die Welt der Erwachsenen aufgenommen werden. Auf dem Bild rechts versprengt ein senegalesischer Medizinmann mit dem Wasser auch seine ihm von Gott verliehene Kraft über ein Mädchen. Wie im alten Ägypten und in den Mythen der Dogon gilt das Wasser als Träger magischer Formeln.*

Reinigendes Wasser, Taufwasser. *Vorausgehende Doppelseite: Auf Haiti tauchen die Anhänger des Voodoo-Kultes in einen Fluss, um dem Wasser und der Göttin Inan zu huldigen, die an die Jungfrau Maria erinnert. Oben: Guatemaltekische Indianer lassen sich – wie einst die frühen Christen – in einer Gemeinschaftszeremonie taufen. Durch das Eintauchen in den Atitlán-See werden sie in eine evangelische Glaubensgemeinschaft aufgenommen. Mögen die Jahrhunderte auch vergehen, das Wasser ist und bleibt ein Träger symbolischer Bedeutungen.*

gelegentlich auch der Bräutigam, gebadet, eingeölt, parfümiert und geschminkt, in moslemischen Ländern und in Indien häufig auch mit symbolischen Hennamalereien geschmückt. Das Hochzeitsbad der hinduistischen Tamilen, die auf der Insel La Réunion leben und viele ihrer Bräuche bis heute bewahrt haben, ist ein besonders schönes Beispiel für diesen Ritus. Ist das Haus vorbereitet, werden die Eltern des Brautpaares geehrt und die Götter um ihren Segen für die künftigen Eheleute gebeten, dann folgen die Feierlichkeiten zur Verlobung und Vermählung. Die Hochzeitszeremonie beginnt mit einem rituellen Bad, dem *abishegam*. Das Eintauchen ins Wasser soll dem Paar Fruchtbarkeit, ein langes Leben und Wohlstand bringen. Fünf Frauen in Saris führen die Zeremonie durch.

Das heilige Wasser der Reinigung

Manchmal erhält das reinigende und regenerierende Eintauchen in einen See, ins Meer oder in einen heiligen Fluss die Bedeutung einer Wallfahrt. Wir wissen, welche Rolle der Jordan für die Hebräer und die ersten Christen, der Tiber für

die Römer und der Nil für die Ägypter spielte und wie wichtig noch heute der Ganges und andere heilige Flüsse Indiens für die Brahmanen sind. Doch es gibt auch andere, weniger bekannte Riten, die mit Flüssen in Verbindung stehen: So findet beispielsweise in Madagaskar jedes Jahr eine eigentümliche Zeremonie statt. In der Region des Flusses Mahavavy erleben die Menschen einem Mythos zufolge jedes Jahr von Anfang Juni bis Ende Juli eine Periode des Unheils. Man hüte sich, in dieser Zeit ein neues Vorhaben in Angriff zu nehmen! Sind die zwei Monate vorüber, nehmen alle, die sich von einem bösen Fluch, einem bösartigen Geist oder feindlichen Vorfahren heimgesucht fühlen, gemeinsam ein Bad unter einem Wasserfall des Mahavavy. Das Wasser wäscht sie von allen Verwünschungen rein, und das Schicksal kann sich zu ihren Gunsten wenden.

Auch andere Religionen kennen Reinigungsbäder, die den Alltag der Gläubigen begleiten. Zu ihnen gehört beispielsweise das Judentum, dessen rituelles Tauchbad, die Mikwe, im mosaischen Gesetz verankert ist. Der Begriff Mikwe bezeichnet sowohl das Bad als solches als auch die architektonische Anlage. Für strenggläubige Juden ist die Mikwe unter bestimmten Umständen Pflicht – davon betroffen sind in erster Linie Frauen. Nach jeder Menstruation

Kosmische Bassins. *Links ein Wasserfall in Chile, den die Indianer vermutlich als heilig verehrten. Rechts die heiligen Quellen von Tirta Empul in der Nähe von Tampaksiring auf Bali. Laut Überlieferung hat der Gott Indra sie geschaffen, um getötete Krieger wiederzubeleben. Die Indonesier, die in dieses Wasser eintauchen, verbinden mit ihrem Bad die Hoffnung auf Gesundheit und Wohlstand. Folgende Seiten, links: Dusche unter einem legendären Wasserfall auf Haiti. Folgende Seiten, rechts: Im Einklang mit der Natur badet ein Mann in einer heißen ägyptischen Quelle. Ob gottesfürchtig oder nicht – an so wunderbaren Orten kann sich kaum jemand dem Gefühl entziehen, mit dem Universum in Einklang zu sein.*

müssen sie sich unter Aufsicht einer älteren Frau von Kopf bis Fuß reinigen und anschließend in einem Becken mit reinem Wasser natürlichen Ursprungs vollständig untertauchen. Erst danach dürfen sie ihr Liebesleben wieder aufnehmen. Vorgeschrieben ist der Besuch der Mikwe auch für Gläubige, die Kontakt mit einem Toten hatten, sich auf andere Weise verunreinigt haben oder am Vorabend eines Festes das Bedürfnis nach Reinigung verspüren. Bei der Anlage von Mikwaot wurden häufig tiefe Schächte in die Erde getrieben; das Becken ist in den Boden eingelassen. Nach Meinung der Exegeten symbolisiert es zugleich die Gebärmutter und das Grab. Folgt man dieser Auslegung, ist jedes Tauchbad eine symbolische Wiedergeburt. Im Talmud heißt es, das Aussetzen der Atmung sei ein Zeichen des Todes. Wer im Becken untertaucht und dabei den Atem anhält, tritt in das Reich des Nichtlebendigen ein – und erwacht beim Wiederauftauchen zu neuem Leben. Für Ehefrauen hat die »metaphysische Pflicht« der Mikwe durchaus praktische Vorteile: So kann die obligatorische Abstinenz während der Periode der Unreinheit das durch Gewohnheit oft nachlassende Begehren des Ehemanns neu entfachen. Nach ihrer »Wiedergeburt« seien Frauen »wieder genauso begehrenswert wie in der Hochzeitsnacht«, heißt es … Auch im Islam, der vor allem in Ländern verbreitet ist, die unter Wasserknappheit leiden, erfolgt die Säuberung des Körpers nach rituellen Vorgaben. Gläubige gehen in den Hamam und beschränken sich ansonsten auf Teilwaschungen, bevor sie sich im Gebet an Gott wenden. Doch wie das Judentum verlangt auch der Islam unter bestimmten, durchaus vergleichbaren Umständen eine vollständige und sorgfältige Reinigung des Körpers: nach der Berührung eines Toten, am Vorabend wichtiger religiöser Feste und vor einer Wallfahrt nach Mekka. Frauen müssen sich nach der Periode und nach einer Entbindung gründlich reinigen. Theoretisch ist eine solche Reinigung auch für jeden vorgeschrieben, der nach dem Sex eine Moschee betreten möchte.

Neue Energie durch Dampfbäder

Auch das Dampfbad spielt im Rahmen von Heil- und Reinigungsverfahren weltweit in vielen Kulturen bis heute eine wichtige Rolle. In Mittelamerika geht die Tradition des Schwitzbades auf Bräuche der präkolumbischen Kulturen zurück. Es war stets mit einer genau festgelegten Zeremonie verknüpft und

Religiöser Ritus. *Die jüdische Religion verlangt von Frauen, sich nach der Regel, nach einer Entbindung und am Vorabend der Hochzeit zu reinigen. Das Gleiche gilt für Männer, die sich im übertragenen oder buchstäblichen Sinn »beschmutzt« haben, sowie unter bestimmten anderen Umständen. Um allen Schmutz von sich abzuwaschen, suchen Gläubige die Mikwe auf, ein unterirdisches Bad, das von fließendem, reinem Wasser gespeist wird (links). In der Thora gilt – wie im Koran übrigens auch – der Zusammenhang zwischen der Reinheit des Körpers und der Reinheit des Geistes als unauflöslich.*

Riten des Alltags. *Vor dem Gebet und vor dem Essen müssen Muslime sich die Hände waschen. Damit sie dieser Pflicht nachkommen können, werden vor dem Beginn einer Mahlzeit ein mit Wasser gefüllter Krug und eine Schüssel herumgereicht. Das oben abgebildete Mosaik aus dem 18. Jahrhundert schmückt das Ibrahim-Khan-Bad im iranischen Kerman und schildert diesen täglichen Ritus. Wie auf persischen Miniaturen sind die Frauen unverschleiert dargestellt.*

wurzelt in der uralten religiösen Vorstellung, dass Wasser und Feuer miteinander zusammenhängen. Die Maya besaßen um 1250 n. Chr. Dampfbäder, die sie als *zampulche* bezeichneten. In den großen Tempeln waren sie häufig aus Stein. Als die Konquistadoren 1519 über die Hauptstadt der Azteken, Tenochtitlan – das spätere Mexiko, herfielen, bemerkten sie nicht nur die besondere Schönheit dieser Stadt, sondern stellten auch verblüfft fest, dass die Einwohner dieses vulkanischen Landes sich zwar kaum öfter wuschen als ihre eigenen Truppen, jedoch alle eine symbolische Verbindung zwischen Wasser und Feuer herstellten und einen für ihre Kultur bedeutsamen hygienischen Brauch pflegten: das Schwitzbad. Neben jedem Haus stand ein *temazcal*, eine Art runde Lehmhütte mit gewölbter Decke, winziger Türöffnung und einem einfachen Ofen, dessen Rauchabzug in den Raum hineinragte. In dem Ofen wurden Steine erhitzt, bis sie glühten, und anschließend mit Wasser besprengt. Diesen Vorgang wiederholte man so oft, bis die Luft mit heißem Dampf gesättigt war.

Mit dem Besuch des *temazcal* verbanden sich bestimmte Riten, das Schwitzbad diente aber auch hygienischen Zwecken. Gebärende wurden dorthin gebracht – ähnlich wie in Finnland, wo man Frauen kurz vor der Niederkunft in die Sauna geleitete. Neugeborene badete man im *temazcal*. Noch heute findet man Bauten dieses Typs in den Ortschaften im Süden und Osten Mexikos und Guatemalas. Sie sind häufig aus Lehmziegeln errichtet.

Auch die Indianer Nordamerikas kannten bereits vor Ankunft der Europäer rituelle Dampfbäder. In einem Zelt, der sogenannten *lodge*, wurden Steine ausgelegt, die zuvor draußen über einem Feuer erhitzt worden waren. Man bedeckte die Steine mit Wacholder und aromatischen Kräutern, besprühte sie mit Wasser und verschloss den Zelteingang mit Decken. War das Wasser vollständig verdampft, verließen die Teilnehmer das Zelt, und man entfernte die Decken, um es vor der nächsten Schwitzrunde zu lüften. Bei den Inuit schürte man das Feuer gelegentlich direkt im Schwitzraum, einer kleinen, kuppelförmigen Konstruktion aus gebogenen Ästen, die mit Fellen bedeckt wurde. In Kalifornien hingegen errichtete man dauerhafte Schwitzhäuser, in denen man eine sehr intensive, trockene Hitze erzeugte. Einige dieser Bauten waren ständig bewohnt, andere dienten ausschließlich den Baderiten.

Traditionsbewusste Indianer praktizieren noch heute rituelle Dampfbäder oder *sweat lodges*. Belege dafür findet man unter anderem in den gut recherchierten, in den Navajo-Reservaten spielenden Ethno-Krimis von Tony Hillerman oder in den *Notes d'ailleurs* des Anthropologen Robert Jaulin (herausgegeben von Christian Bourgois, 1980). Die mit heiligen Gegenständen ausgestatteten *lodges* unterscheiden sich in Form, Bauweise, Ausrichtung und Funktion in nichts von den Vorbildern der Vergangenheit. Wie eh und je werden die Steine draußen erhitzt; kleine Kiesel markieren den Weg zum Feuer. Die Schwitzbäder sind von unterschiedlicher Dauer und können sehr anstrengend sein. Zur Durchführung eines Reinigungsrituals genügt ein einziger Gang. Rituale zur geistigen

Erneuerung können wiederholte, sich über mehrere Tage erstreckende Dampfbäder erfordern. Mit dem Saunieren aus hygienischen oder Wellnessgründen haben diese Schwitzbäder nichts gemeinsam: Unter der Leitung eines Meisters werden Gebete gesprochen und Geister angerufen; man kommuniziert mit den Elementen, raucht die Friedenspfeife, ist Teil der Gemeinschaft und zugleich ganz auf sich selbst konzentriert. Robert Jaulin notierte während einer Sitzung in der *sweat lodge* einer indianischen Universität: »An dieser Universität geht es um die rituelle Vermittlung von Identität.« Und er fügte hinzu: »Wir sind keine Indianer. Aber sollten wir nicht auch für Weiße indianische Universitäten (mit *sweat lodge* und Peyote-Ritual) errichten und von dort aus eine Forschung betreiben, die das Bemühen um Identität beinhaltet, einer Identität, die auf die Definition von Gemeinschaft gerichtet ist … oder gar auf die Verehrung des Universums als etwas Heiligem – eine Forschung, die sich um Sinn bemüht, sodass Erde, Planeten, Sterne, Kosmos und Wind endlich in einem Zusammenhang gesehen werden.« Wenn das rituelle Bad nur einen einzigen Sinn haben dürfte, wäre nicht dieser der schönste?

Zeremonieller Dampf. *Bei den nord-, mittel- und südamerikanischen Indianern ist das gemeinschaftliche Dampfbad ein uralter Brauch (links unten). So entdeckten die Konquistadoren bei den Azteken das* temazcal, *bei den Mayas das* zampulche. *Auf der Abbildung links oben ist die Darstellung eines* zampulche *von Paolo Fumagalli aus dem 19. Jahrhundert zu sehen. Viele nordamerikanische Clans nehmen noch heute rituelle Dampfbäder in ihren* sweat lodges. *Sie läutern Geist und Körper, stärken das Gemeinschaftsgefühl und sollen den Zugang zur Geisterwelt erleichtern.*

VIII
Tipps und Utensilien

Vom privaten Badezimmer bis zur Badelandschaft eines Spa, von der Körperpflege in den eigenen vier Wänden bis zum Besuch im Hamam finden Sie hier Tipps, Ratschläge, Adressen und Ideen für ungetrübte Badefreuden.

Die Einrichtung

Das Badezimmer steht auf Platz zwei bei den Ausgaben für die Haus- oder Wohnungseinrichtung, nach Wänden und Böden, aber noch vor der Küche. Für welche Ausstattung man sich entscheidet, wenn man neu baut oder ein altes Badezimmer renovieren möchte, ist eine Frage der finanziellen Möglichkeiten, des persönlichen Geschmacks und der Anzahl, Gewohnheiten und Vorlieben der Badbenutzer. Ob Sie von einem Designerbad träumen oder von einer einfachen und klassischen Lösung, von einer gusseisernen Badewanne mit Krallenfüßen aus dem Jahr 1900 oder von einem prächtigen Waschbecken aus den legendären 1930er Jahren, denen wir so viele außergewöhnliche Kreationen verdanken: Alles lässt sich auftreiben, sofern Sie dafür bezahlen können und wollen. Surfen Sie doch einfach mal im Internet: Unter Stichwörtern wie »Badezimmer«, »Bad-Antiquitäten« oder »Balneotherapie« finden Sie zahlreiche Adressen von Antiquitätenhändlern und Herstellern, bei denen Sie von alten Schätzen über Nachbildungen bis zu zeitgenössischen Modellen fast alles finden werden. Auch bei eBay kann man sein Glück versuchen.

Vor dem Kauf sollten jedoch einige Fragen geklärt werden:

- Sind Sie sicher, dass Ihnen das Kosten-Nutzen-Verhältnis eines technisch äußerst raffinierten Modells, das echte Wellen erzeugt, auch noch annehmbar erscheinen wird, wenn die erste Begeisterung verflogen ist?
- Falls Sie sich in ein antikes gusseisernes Modell verliebt haben, sollten Sie prüfen, ob der Fußboden Ihres Badezimmers das Gewicht der mit Wasser gefüllten Wanne überhaupt aushält. Haben Sie einen genialen, mit allen Wassern gewaschenen Klempner zur Hand, der in der Lage ist, Wasserhähne von gestern an die genormten Rohrleitungen von heute anzuschließen?
- Nun zu den Kleingeräten: Sie haben im Kaufhaus bei den Sonderangeboten eine tolle Sprudelfußbadewanne entdeckt. Wie oft werden Sie die wohl benutzen, bevor sie für immer in einen Schrank oder auf den Speicher wandert?

Die Dusche – die »arme Verwandte« der Wanne

Wer vom Baden redet, meint meist ein Wannenbad. Doch auch die Dusche hat mittlerweile einen festen Platz im Bad, und sei es nur, weil sie die schnellste, am meisten genutzte und wegen des geringeren Wasserverbrauchs auch ökologisch vertretbarere Möglichkeit darstellt, seinen Körper zu reinigen. Zwar kann ein Duschbad keinen vollwertigen Ersatz für das sanfte Eintauchen in warmes Wasser darstellen, dafür wirkt es, ob heiß, lauwarm oder kalt, sehr belebend, und es gibt wohl kaum etwas Angenehmeres, als sich das Wasser über den müden Rücken rieseln zu lassen. Doch leider wird die Dusche bei der Einrichtung von Bädern oft allzu stiefmütterlich behandelt: Entweder ist die Duschtasse viel zu flach, oder man muss gleich in der Wanne duschen. In jedem Fall gibt es einen Plastikvorhang, der die unangenehme Neigung hat, am Körper zu kleben, und wahlweise einen festen Brausekopf, der in ungeahnte Richtungen sprüht, oder einen Duschschlauch, den man mit einer Hand festhalten muss, während man sich einseift oder abbürstet. Die ideale Dusche ist eine richtige Kabine mit festem Brausekopf, flexibler Handbrause und, um das Glück perfekt zu machen, zuschaltbaren seitlichen Düsen. Solche Modelle sind zum Teil schon ab 600 € in Baumärkten erhältlich.

- Für mehr Bequemlichkeit beim Duschen sorgt ein kleiner Holzschemel, wie ihn die Japaner benutzen.
- Anstelle der zu flachen Duschtasse kann man auch einen kleinen, etwas höheren Zuber installieren, wie er früher auf dem Land für die große Wäsche benutzt wurde. Alternativen: eine alte Zink- oder (der absolute Luxus!) Kupferwanne vom Trödler oder Schrotthändler. Mit etwas Glück kann man vielleicht auch einem Winzer einen nicht mehr verwendeten Bottich abluchsen. Solche Errungenschaften müssen natürlich mit einem Spundloch versehen und mit der Abwasserleitung verbunden werden, was für einen halbwegs begabten Heimwerker jedoch kein Problem darstellen dürfte.
- Wer das Glück hat, einen Garten und – noch besser – einen Pool zu besitzen, kann dort ohne großen finanziellen Aufwand eine einfache Dusche mit Gitterrost installieren, die an heißen Tagen für angenehme Erfrischung sorgt und eine gute Möglichkeit bietet, sich das Chlor von der Haut zu spülen. Zudem ist eine solche Außendusche bei Kindern sehr beliebt …
- Badmöbel im Stil der Antike und der Jahrhundertwende, wie auch alte Originalstücke, findet man bei »Streicheleinheiten fürs Bad«, Essener Straße 97,

Gute Laune, rosiger Teint

Eine Schwitzrunde wie hier in den Thermen von Vals-les-Bains im Departement Ardèche, Frankreich, hat stets einen günstigen Einfluss auf Gesundheit und Stimmung. Einige Anhänger behaupten sogar, ein Schwitzbad stimuliere die Produktion von Endorphinen im Gehirn, komplexen Substanzen mit entspannender, ja sogar euphorisierender Wirkung. Wer gerade keine Sauna zur Verfügung hat, kann es einmal mit folgendem einfachen und kostenlosen Trick probieren: das Gesicht drei Minuten in möglichst kaltes Wasser tauchen (bei Bedarf einige Eiswürfel zugeben) oder unter die kalte Dusche halten. Idealerweise wäscht man sich zusätzlich die Haare und spült sie mit kaltem Wasser aus. Der Teint wird rosig, die Stimmung ebenfalls.

Haus 15, 22419 Hamburg. Telefon: 040 5 27 96 73, www.antique-bathrooms.com, streicheleinheiten@antique-bathrooms.com. Antike Originale, zum Beispiel gusseiserne Badewannen der Jahrhundertwende, haben allerdings ihren Preis*: von 6500 € bis zu 66 000 € für eine Badewanne von König Edward VII. Reproduktionen antiker Badewannen bewegen sich dagegen zwischen 2800 € und 24 600 €, Nachbildungen antiker Waschtische sind ab 1000 € zu haben. Außerdem enthält das Sortiment auch Lampen, Spiegel und Accessoires.

■ Die zweimal im Jahr erscheinende Zeitschrift *Bad Pool Sauna* (Strobel Verlag, www.strobel-verlag.de, www.badpoolsauna.de, leserservice@strobel-verlag.de) beschäftigt sich mit den Neuigkeiten rund ums Bad und gibt exklusive Einrichtungs- und Wellnesstipps.

* Sämtliche Preisangaben in diesem Kapitel sind unverbindlich.

Das Bad, ein Moment der Intimität

Ein Bad ist nicht nur wunderbar entspannend, sondern bietet auch Gelegenheit, Haut, Haaren und Füßen ein wenig Pflege zu gönnen. Nehmen Sie sich Zeit dafür, und verwenden Sie hochwertige Pflegeprodukte, die nicht unbedingt teuer sein müssen. Duftende und pflegende Badezusätze gibt es für jedes erdenkliche Bedürfnis: Manche wirken anregend und aufmunternd, andere sorgen für Entspannung, wieder andere wirken entgiftend oder verleihen der Haut einen seidigen Schimmer.

Gebrauchsfertige Produkte

Nahezu alle bekannten Kosmetik- und Parfümhersteller bieten auch Produktlinien für die Körperpflege an: Seifen, Dusch- und Badegele und -cremes, Schaumbäder, Feuchtigkeitslotionen und Körperöle, Shampoos etc. Viele dieser Marken haben ihre treuen Kundinnen und Kunden, die nicht die geringste Lust verspüren zu wechseln. Für alle, die gerne mal etwas Neues ausprobieren, nachfolgend einige Adressen:

- The Body Shop (über 80 deutsche Filialen, www.thebodyshop.de, info@the-body-shop.de)
- L'Occitane (über zehn deutsche Filialen, www.loccitane.com, info@de.loccitane.com)
- Korres natural products (www.korres.com), rein pflanzliche Pflegeprodukte, erhältlich unter anderem im KaDeWe Berlin oder bei Breuninger in Stuttgart, Freiburg und Nürnberg.
- Der Badezimmer Beautystore (Rathenauplatz 1–3, 60313 Frankfurt am Main, und Hagenbruchstraße 4a, 33602 Bielefeld, www.badezimmer-beautystore.de) hat exklusive Kosmetiklinien aus aller Welt im Sortiment.
- Im Kaufhaus Ludwig Beck (Marienplatz 11, 80331 München, www.ludwigbeck.de) gibt es neben der Kosmetikabteilung einen eigenen Spa-Bereich. Unter der Telefonnummer 089 23 69 19 14 bekommen Sie Informationen zu den angebotenen Anwendungen und können gleich einen Termin vereinbaren.

Das »Hautnah-Spa« ist Montag bis Samstag von 10 bis 20 Uhr geöffnet. Eine einstündige La-Mer-Körperbehandlung kostet 100 €, eine Aveda-Hydrotherm-Massage derselben Dauer 85 €.

❇ Fragonard, die berühmte französische Parfümerie mit Sitz in Grasse, verkauft auch duftende Badezusätze. Ein Besuch in Grasse und eine kostenlose Führung durch die Fabrik ist lohnenswert, aber auch von zu Hause aus kann man die Artikel bequem online bestellen (www.fragonard.com) oder in Parfümerien, zum Beispiel Douglas, direkt kaufen.

❇ Die Marke »Aveda« steht für Kosmetikprodukte auf pflanzlicher Basis, umweltschonende Produktion und fairen Handel. Entweder Sie stöbern im Onlineshop auf www.aveda.de oder lassen sich in einem Aveda-Spa verwöhnen, zum Beispiel im Aveda Lifestyle Salon & Spa, Kurfürstendamm 26a in Berlin.

❇ Sehr empfehlenswert ist Aleppo-Seife, gewissermaßen der Urahn aller Seifen, hergestellt auf der Basis von Olivenöl und ätherischem Lorbeeröl. Aleppo-Seife ist ideal für empfindliche Haut und inzwischen, ebenso wie die äußerst milde Arganöl-Seife, in fast allen guten Fachgeschäften für Naturprodukte erhältlich.

■ Viele Schaumbäder trocknen die Haut aus und sind daher mit Vorsicht zu genießen. Medizinisch wirksame Badesalze sollten Sie nur unter ärztlicher Anleitung anwenden.

Individuelle Rezepturen

Manche Menschen schwören auf selbst hergestellte, individuelle Badezusätze aus Ölen, Essenzen und aromatischen Kräutern. Früher, als es noch nicht dieses Überangebot an Produkten zur Schönheitspflege gab, waren solche Zubereitungen gang und gäbe. Einige wirken vor allem über ihren Duft, andere über den Kontakt mit der Haut. Kaufen Sie Essenzen und ätherische Öle nur in hochwertiger Qualität, möglichst im Naturkost- oder Naturkosmetikfachhandel und abgefüllt in Lichtschutzflaschen. Vorsicht bei Billigangeboten! Ätherische Öle sollten – ob einzeln oder in Mischungen – stets sparsam verwendet werden: Wenige Tropfen genügen. Um ätherische Öle oder auch Trägeröle wie Mandelöl im Wasser aufzulösen, muss man einen Emulgator verwenden, zum Beispiel Honig oder Sahne, oder auch das Öl auf etwas Salz träufeln. Andernfalls werden die Wirkstoffe nur über die Atemwege aufgenommen, während auf dem Wasser Fettaugen schwimmen. Lagern Sie angebrochene Öle kühl und dunkel. Kräuter und Pflanzenteile wie Lindenblüten, Rosmarin, Kamille, Thymian etc. können getrocknet oder frisch verwendet werden. Kaufen Sie sie in der Apotheke oder beim Kräuterhändler, oder sammeln Sie sie selbst. Am einfachsten ist es, die Kräuter oder Blüten in ein Mullsäckchen zu füllen und dieses an einer Kordel unter den Wasserhahn zu hängen, damit möglichst viele Wirkstoffe ins Badewasser übergehen. Steigen Sie sauber gewaschen in die Wanne wie die Japaner, und duschen Sie sich nach dem Bad nicht ab, so profitieren Sie am meisten von den positiven Wirkungen der Kräuter und Öle. Atmen Sie beim Baden tief ein, denn schon der Duft wirkt wohltuend.

Belebendes Bad

Eine gute Handvoll Eukalyptusblätter oder zwei Tropfen ätherisches Eukalyptusöl (ausgezeichnet bei einer beginnenden Erkältung)

oder eine gute Handvoll Rosmarin

oder eine Handvoll grünen Tee

oder eine gute Handvoll Pfefferminze

oder eine gute Handvoll getrocknete Algen (erhältlich in Reformhäusern, Bioläden oder im Fachhandel für Meeresprodukte) oder frische, selbst gesammelte Algen

oder einen großzügigen Spritzer Apfelessig (Apfelessig ist reich an Spurenelementen)

Entspannungsbad

Je zwei Tropfen Rosenöl, Kamillenöl und Zedernöl, ein Tropfen Sandelholzöl

oder drei Tropfen Lavendelöl

oder eine gute Handvoll Lindenblüten (unsere Urgroßmütter pflegten unruhige Babys vor dem Schlafenlegen in Lindenblütensud zu baden) oder Kamillenblüten

Tipp für Morgenmuffel

Für alle, die den Tag nur schwer ohne ein heißes Bad beginnen können: Wenn das Badewasser abgelaufen ist, duschen Sie Ihre Beine kalt ab: Beginnen Sie bei den Fußsohlen, und führen Sie den Wasserstrahl dann langsam nach oben zu den Oberschenkeln. Schon nach einer Minute spüren Sie eine prickelnde

Wärme in den Beinen. Nach einiger Zeit wird es kaum noch Überwindung kosten, den kalten Wasserstrahl bis hoch zum Bauch zu führen. Sie werden eine solche Leichtigkeit und Energie verspüren, dass Sie künftig auf diesen kleinen morgendlichen Ritus nicht mehr verzichten wollen werden.

Entgiftungsbad

Am einfachsten, billigsten und wirksamsten ist eine Abreibung mit grobem Meersalz. Dazu vermengen Sie zwei gute Handvoll grobes Meersalz in einer kleinen Schüssel mit etwas Zitronensaft. Lassen Sie sich ein Bad einlaufen, das so heiß ist, wie Sie es aushalten können (bei Bedarf immer wieder etwas heißes Wasser nachlaufen lassen oder die Badewanne mit einer Plastikplane abdecken – nicht sehr ästhetisch, aber einfach und wirksam). Legen Sie sich einige Minuten in die Wanne, und reiben Sie dann den gesamten Körper mit der Salz-Zitronen-Mischung ein (Fersen und Ellbogen nicht vergessen), bis die Haut sich rötet. Das entfernt abgestorbene Zellen. Ziehen Sie anschließend einen Bademantel an, und schlüpfen Sie für 20 bis 30 Minuten ins Bett. Sie werden kräftig schwitzen. Duschen Sie sich anschließend mit lauwarmem Wasser kurz ab, und reiben Sie sich dann großzügig mit Öl, Körpermilch oder einer guten Creme ein. Den besten Effekt erzielen Sie, wenn Sie die Behandlung am späten Nachmittag durchführen und sich anschließend einen ruhigen Abend zu Hause genehmigen. Viel Tee oder Gemüsebrühe, ein leichtes Abendessen und frühes Zubettgehen unterstützen die entgiftende Wirkung. Mit einem solchen Entgiftungsbad lässt sich sogar eine beginnende Erkältung vertreiben.

Oder je einen Tropfen Eukalyptusöl, Zitronengrasöl, Lavendelöl und eine Handvoll grünen Tee

Bad für seidige Haut

Nach einem gründlichen Peeling (statt der handelsüblichen Produkte können Sie auch wie die Russinnen Kaffeesatz verwenden oder, wie im Mahgreb üblich, eine Handvoll grobes Salz, gemischt mit drei Teelöffeln Arganöl und einem Spritzer Orangenblütenöl) lassen Sie sich in warmes Badewasser sinken, dem Sie einige Tropfen ätherisches Karotten- oder Rosenöl oder Weizenkeimöl oder Arganöl oder süßes Mandelöl sowie – des angenehmen Duftes wegen – zwei Tropfen Jasminöl zugesetzt haben.

Praktischer Hinweis

Bei ölhaltigen Badezusätzen lassen sich Ölrückstände in der Badewanne häufig nicht vermeiden. Wenn man vor dem Ablassen des Wassers etwas Waschpulver oder Flüssigseife im Wasser löst, lässt sich die Wanne anschließend ganz leicht reinigen.

Nach dem Baden

Kein Badevergnügen wäre vollständig ohne schöne, flauschige Handtücher und Bademäntel. Schluss mit billigem Frottee, der schon nach der ersten Wäsche dünn und hart wird, und unbequemen, kratzigen Bademänteln! Greifen Sie lieber gleich zu guter Qualität, die nicht immer teuer sein muss: Achten Sie auf Sonderangebote in guten Fachgeschäften. Bei guter Pflege (mildes Waschmittel, sanftes Schleudern, Trocknen im Freien) bleibt der Flausch hochwertiger Frotteewaren lange erhalten. Gute Alternativen für Anspruchsvolle sind Leinen oder hochwertiges Waffelpiqué. Möve und Vossen, zwei Hersteller hochwertiger Frottierprodukte, sind im Sortiment von Karstadt oder Galeria Kaufhof vertreten.

Eine Frage der Atmosphäre

Ob Hamam, Sauna, Thalassotherapiezentrum oder Spa: Nur wenn wir uns dort vollkommen wohl fühlen, tun wir uns wirklich etwas Gutes. Achten sollte man deshalb vor allem auf untadelige Sauberkeit, qualifiziertes Personal und eine harmonische, ruhige Atmosphäre. Bei unechtem Luxus und übertrieben klingenden Versprechungen hingegen ist Misstrauen angebracht. Eine sehr gelungene Kombination aus Seriosität, Ruhe und Harmonie ist beispielsweise die Ferme Thermale »Les Prés d'Eugénie« (siehe auch die Abbildung auf Seite 154). Zu Hause kann man mit Kerzen, Räucherstäbchen und Blütenblättern für eine entspannende Atmosphäre sorgen. Das Wichtigste aber ist, qualitativ hochwertige Produkte zu verwenden, die gar nicht teuer sein müssen. Russische Frauen zum Beispiel benutzen statt teurer Peeling-Produkte Kaffeesatz, was einwandfrei funktioniert – das einzige Problem ist das anschließende Putzen der Badewanne.

Eine Auszeit im Hamam

Eine ebenso vergnügliche wie entspannende Auszeit im Hamam ist auch für Menschen mit kleinem Geldbeutel erschwinglich, vorausgesetzt, man legt keinen Wert auf eine Luxuseinrichtung. Entgegen einer weitverbreiteten Ansicht nimmt man durch das Schwitzen allerdings nicht ab: Die wenigen hundert Gramm, die man dabei bestenfalls ausschwitzt, sind rasch wieder da. Doch ein Schwitzbad ist der ideale Ort für ein Peeling oder eine Epilation. Man kann sich dort mit grüner Hamam-Seife einseifen (oder einseifen lassen) oder Anwendungen mit *ghassul* (häufig auch *rhassul* genannt, eine spezielle Tonerde mit leichtem Peelingeffekt, die sich auch als mildes Shampoo eignet) oder haarpflegendem Henna buchen (Vorsicht: Naturhenna ergibt auf blondem Haar einen flammenden Rotton. Falls Sie das nicht wünschen, nehmen Sie lieber farbloses Henna). Nutzen Sie diese Gelegenheit, denn erfahrungsgemäß ist die richtige Anwendung traditioneller orientalischer Körperpflegemittel im eigenen Badezimmer gar nicht so einfach. Abgerundet wird ein Besuch im Hamam am besten mit einer professionellen Massage – auch die bekommen Sie zu Hause nicht.

Gebrauchsanweisung für den Hamam

► Denken Sie daran, frühzeitig zu reservieren. Gute Einrichtungen sind sehr begehrt. Nehmen Sie sich ausreichend Zeit. Planen Sie mindestens drei Stunden ein, damit Sie zwischen den Schwitzbädern genügend Zeit für Ruhepausen, kalte Güsse und die anschließenden Anwendungen haben.

► Packen Sie drei Badetücher *(pestemalar)* aus Leinen oder Baumwolle ein: ein großes Tuch, das Sie um Taille und Hüften schlingen können (es ist nicht erlaubt, sich nackt im Hamam aufzuhalten, und ein Badeanzug ist beim Schwitzen äußerst unangenehm; falls Badekleidung vorgeschrieben ist, greifen Sie zu reiner Baumwolle), ein größeres Handtuch zum Abtrocknen und ein kleines für die Haare.

► Bringen Sie Ihre eigenen Utensilien mit: einen Peelinghandschuh *(kese)* zum Abrubbeln, eine Bürste mit langem Griff für den Rücken, einen Bimsstein oder einen traditionellen Schleifstein aus Terracotta oder Holz und hölzerne Badesandalen, um auf dem feuchten Boden nicht auszurutschen und sich nicht spätestens im heißesten Raum die Füße zu verbrennen.

► Vergessen Sie Ihre Lieblingsöle und vor allem das unverzichtbare Rosenwasser zum Erfrischen des Gesichts nicht.

► Trinken Sie viel, am besten Wasser. Auch den köstlichen Minztee sollten Sie sich nicht entgehen lassen. Dem verlockenden Gebäck dagegen sollten Sie lieber nur maßvoll zusprechen und aufkommenden Hunger stattdessen mit etwas Obst oder einem Joghurt stillen.

Vor Ort

Wer gerne mit wenig Gepäck unterwegs ist, kann sich die erforderlichen Badetextilien und Holzsandalen in den meisten Hamams auch leihen. In der Regel werden am Empfang auch traditionelle Produkte verkauft: Henna, *ghassul*, grüne Seife, Körperöle etc., gelegentlich auch Badetextilien und Produktlinien für die Körperpflege – eine gute Gelegenheit zum Testen und Kaufen.

Gute Adressen

Hamams gibt es in vielen europäischen Großstädten, und ihre Zahl nimmt stetig zu. Adressen findet man im Branchenverzeichnis unter den einschlägigen Rubriken (z. B. Kosmetikinstitute, Thalassotherapie, Balneotherapie) sowie im Internet, beispielsweise unter www.schwarzaufweiss.de/deutschland/hamam. Adressen von Hamams in Deutschland findet man auch bei www.city-sports.de. Nach einem Klick auf den Menüpunkt »Sportübersicht« erscheint neben den diversen Sportarten auch die Kategorie »Wellness in Deutschland« mit dem Unterpunkt »Hamam«. Aber Vorsicht: Hinter der ein oder anderen vermeintlichen Hamam-Adresse kann sich auch ein Kontaktclub oder ein Veranstaltungsort verbergen – sicherlich nicht das, was Sie sich wünschen. Am besten besichtigen Sie die Örtlichkeit, bevor Sie reservieren, und zwar nicht nur den Empfang: Sprechen Sie mit dem Personal, verschaffen Sie sich einen Eindruck von der Kundschaft, und zögern Sie nicht, auch Besucher nach ihren Erfahrungen zu fragen.

Auch Füße verdienen Pflege

Die moslemischen Hygienevorschriften messen der sorgfältigen Pflege der Füße, insbesondere der oft vernachlässigten Fersen, besondere Bedeutung zu. Auf Fußpflege spezialisierte Fachgeschäfte halten eine große Auswahl von Bimssteinen und Massagehandschuhen bereit, mit denen die Haut von Fersen und Fußsohlen so glatt und zart wird wie am übrigen Körper. Anschließend sorgt eine sanfte Massage mit etwas Öl oder einer gehaltvollen Creme für Wohlgefühl, neue Leichtigkeit und ein makelloses Erscheinungsbild Ihrer Füße. Ob jemand wirklich gepflegt ist, erkennt man an solchen Details.

Das Buch *Hamam. Ein Verwöhnreiseführer durch Deutschland* von Ulrike Röper-Seidl (Urban & Fischer Verlag) bietet alle wichtigen Informationen und die besten Adressen.

❇ Mathilden Hamam, Mathildenstr. 5, 80336 München,
Tel. 089 55 45 73, www.hamam.de, Angebote von 39 bis 299 €

❇ Das Hamam, Feldstr. 39, 20357 Hamburg,
Tel. 040 41 35 91-12/-13, www.das-hamam.de, Angebote von 25 bis 150 €

❇ Hamam für Frauen, Mariannenstr. 6, 10997 Berlin (Schokoladenfabrik),
Tel. 030 6 15 14 64, www.hamamberlin.de, Angebote von 14 bis 109 €

❇ Hamam im Kurmittelhaus der Wohlfühltherme Bad Griesbach,
Thermalbadstr. 4, 94086 Bad Griesbach,
Tel. 08532 9 61 50, www.wohlfuehltherme.de, Angebote von 17 bis 23 €

Einkaufen

Die Pflege- und Schönheitsprodukte, die traditionell im Hamam benutzt werden, wie Seifen, *ghassul*, Bimssteine, Massagehandschuhe etc. sind zunehmend auch im Internet-Versandhandel erhältlich, zum Beispiel www.hamamstore.com. Sie können allerdings auch auf www.hamamstore.com direkt aus der Türkei bestellt werden, allerdings sind die Portokosten entsprechend höher. www.birke-wellness.de liefert Hamamzubehör aus Deutschland und daher etwas günstiger.

Das große Wohlfühlprogramm

Gönnen Sie sich eine Auszeit – mindestens einen Tag, besser noch ein Wochenende oder gleich eine ganze Woche – in einem Zentrum für Thalassotherapie, einem Thermalkurbad oder einem Spa. Theoretisch deckt jede dieser Einrichtungen nur einen bestimmten Bereich an Anwendungen ab, in der Praxis verschwimmen die Grenzen jedoch.

Balneotherapie

Der Name bedeutet so viel wie »Behandlung durch Bäder« und umfasst alle möglichen Varianten von Wasseranwendungen: entspannende Bäder und Massagebäder, Duschbäder jeder Art, kalte oder heiße Wasserstrahlbehandlungen mit mehr oder weniger Wasserdruck. All dies findet in Whirl- und Sprudelbadewannen oder in speziellen Duschkabinen mit ausgefeilter Technik statt – kein Wunder, dass sich der Begriff »Balneotherapie« inzwischen eher auf die Hersteller und Händler entsprechender Badeausstattungen bezieht, während die eigentliche Behandlung unter »Bäderwesen« oder »Spa« firmiert.

❊ **Die Thermalkur** ist die wohl älteste wassergebundene Behandlungsform. Sie wurde schon von den Römern praktiziert. Mit einer auf die jeweilige Erkrankung zugeschnittenen Kombination aus Güssen, Dusch- und Wannenbädern und Dampfbehandlungen, normalerweise ergänzt durch regelmäßiges Trinken des jeweiligen Thermalwassers, werden beispielsweise Leber- und Hautleiden oder rheumatische Erkrankungen therapiert. Eine Thermalkur kann vom Arzt verordnet und – zumindest teilweise – über die Krankenkassen abgerechnet werden.

❊ **Die Thalassotherapie** nutzt die schon den Griechen bekannten positiven gesundheitlichen Effekte des Meerwassers (*thalassa* ist das griechische Wort für »Meer«) mit Wannen- und Duschbädern, Algenpackungen und Aufenthalten in beheizten Meerwasserschwimmbecken. In Thalassozentren wird häufig

Das GB Spa, Hotel Grande-Bretagne, Athen.
Eine Massage mit heißen Steinen, feuchtigkeitsspendende Joghurt-Honig-Packungen und obendrein Kultur: Das weckt Erinnerungen an die Schönheitsriten im antiken Griechenland.

auch Wassergymnastik angeboten. In den 1950er Jahren erprobten vor allem Traumatologen und Physiotherapeuten diese Therapieform bei der Behandlung sport- oder unfallbedingter Knochenbrüche.

Thermalkuren und Thalassotherapien gelten als medizinische Heilbehandlungen, daher unterliegen das Personal und die Einrichtungen, die diese Behandlungsformen anbieten, strengen Auflagen. Fast alle Zentren haben jedoch inzwischen Wellnesskuren mit balneotherapeutischen Anwendungen, Massagen und Angeboten zur Schönheitspflege in ihr Programm aufgenommen. Bei Kuren, die eine Woche oder länger dauern, ist eine kurärztliche Eingangsuntersuchung üblich, die nicht immer im Preis enthalten ist.

Sie haben die Wahl. Auch wenn viele Thermalkur- und Thalassotherapiezentren an Hotels angeschlossen sind oder mit Hotels kooperieren, kann man in vielen Zentren eine Kur buchen und woanders wohnen, beispielsweise in einer Pension oder einer Ferienwohnung. Liegt das Kurzentrum Ihrer Wahl in einer stark von Touristen frequentierten Region, ist eine frühzeitige Buchung zu empfehlen.

Eine Thalasso-Therapie bietet das Strandhotel Kurhaus Juist auf der Pkw-freien Insel Juist an (Strandpromenade 1, 26571 Nordseeheilbad Juist, Telefon: 04935 91 60, www.kurhaus-juist.de, hotel@kurhaus-juist.de). Die Übernachtung im Doppelzimmer kostet je nach Saison 117 bis 180 €, ein Thalasso-Sprudelbad mit Algen 40 € und eine »Aquarell«-Gesichtsbehandlung mit Algen 50 €.

Der Ratgeber *Heilung aus dem Ozean. Vitalität, Kraft und Schönheit durch Algen- und Thalasso-Therapie* von Ingfried Hobert (Oesch Verlag 2003) widmet sich dem Thema Meerestherapien, bei welchen Krankheiten sie sinnvoll sind

Das Spa Calla Rossa, Grand Hôtel De Calla Rossa, Porto-Vecchio, Korsika. *Hier gibt es für jedes Problem die passende Behandlung und für die Glücksgefühle das Mittelmeer. Statt im Überschwang alles auszuprobieren, sollte man sich lieber gezielt beraten lassen – und dabei den Erholungswert der Landschaft nicht vergessen …*

und wie sie durchgeführt werden. *Der Relax Guide 2007 Deutschland. Alle Hotels für Wellness und Gesundheit* von Christian Werner (Werner Verlag 2006) enthält über 1000 getestete und bewertete Wellnesshotels. Auf der Homepage des Autors (www.relax-guide.com) können Sie die jeweiligen Hotels abrufen und sogar buchen. Objektive Beurteilungen bietet der Deutsche Wellness Verband unter www.wellnessverband.de.

Spas

Spas, der jüngste Trend in der Bäderlandschaft, sind keine medizinisch-therapeutischen Einrichtungen, sondern bieten Dienstleistungen, die eher dem Wellnessbereich zuzurechnen sind. Ziel ist die Wiederherstellung der Harmonie von Körper, Geist und Seele. Mit Wannen- und Dampfbädern, Massagen, Gymnastik, Yoga, Meditation und Entspannungstechniken, Fitnesstraining und kosmetischen Behandlungen lassen sich Stress, Stimmungstiefs und kleinere Alltagsbeschwerden auf sehr angenehme Weise vertreiben. Manche Spas bieten zusätzlich Ernährungs- und Regenerationsprogramme, Physiotherapie oder Akupunktur an. Entsprechend breit gefächert ist auch das Spektrum der Einrichtungen, das von Day-Spas über Hotel-Spas und Thermal-Spas bis zum Spa-Resort reicht. Auch Zentren für Thermalkuren oder Thalassotherapie, die zusätzliche Fitness- und Wellnessangebote im Programm haben, nennen sich häufig Spa. Für die Standorte von Spas gibt es keine Vorschriften: Häufig befinden sie sich in Touristengegenden, am Meer, im Gebirge oder bei Thermalquellen, man findet sie aber auch in Großstädten, meist in Verbindung mit Luxushotels. Spas in fernen und exotischen Ländern bieten eine Kombination von Urlaub und Fitness, sollten aber nur aus den Programmen seriöser Reiseunternehmen gewählt werden.

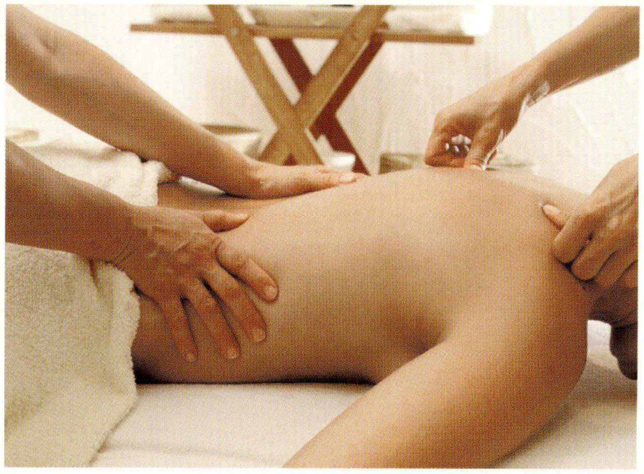

Das Spa Cinq Mondes, Paris. *Hier werden mitten in Paris bewährte Schönheitsrituale aus aller Herren Länder angeboten. Die elegante Einrichtung sorgt für einen wohltuenden Tapetenwechsel, duftende Blütenblätter zaubern eine entspannende Atmosphäre.*

■ **Das dürfen Sie erwarten:** Ruhe, Entspannung, Rückzug und Konzentration auf sich selbst, auf Körper und Geist, eine echte Verbesserung der Fitness, neue Energie.

■ **Das müssen Sie fürchten:** die Rechnung am Ende – fast alle guten Spas sind Luxuseinrichtungen. Spas, die nicht halten, was ihre Hochglanzprospekte versprechen. Hochtrabende und exotische Bezeichnungen für Anwendungen, die nicht unbedingt authentisch sind.

■ **Adressen:** Die Meridien-Hotels, gute Reisebüros und das Reiseunternehmen Voyageurs du monde haben Aufenthalte in Spas mit Südseeflair im Angebot. *Spa und Wellness Hotels* von Cristina Montes (teNeues 2002) stellt 65 Spa-Hotels aus 19 Ländern vor.

In Baden-Baden können Sie die antike Atmosphäre des Friedrichsbades genießen, die Sauna- und Badelandschaft der Caracalla-Thermen und die Wellnessanwendungen von CaraVitalis nutzen (Carasana Bäderbetriebe GmbH, Römerplatz 1, 76530 Baden-Baden, Tel. 07221 27 59-40 für die Thermen, -20 Friedrichsbad, -70 CaraVitalis, www.carasana.de, info@carasana.de). Eine Aromamassage bei CaraVitalis von 80 Minuten Dauer kostet 75 €, eine 90-minütige Anwendung mit Thermalwasser und Meeresalgen 85 €. Der Eintritt für zwei Stunden in den Caracalla-Thermen kostet 12 €, für drei Stunden im Friedrichsbad 21 €.

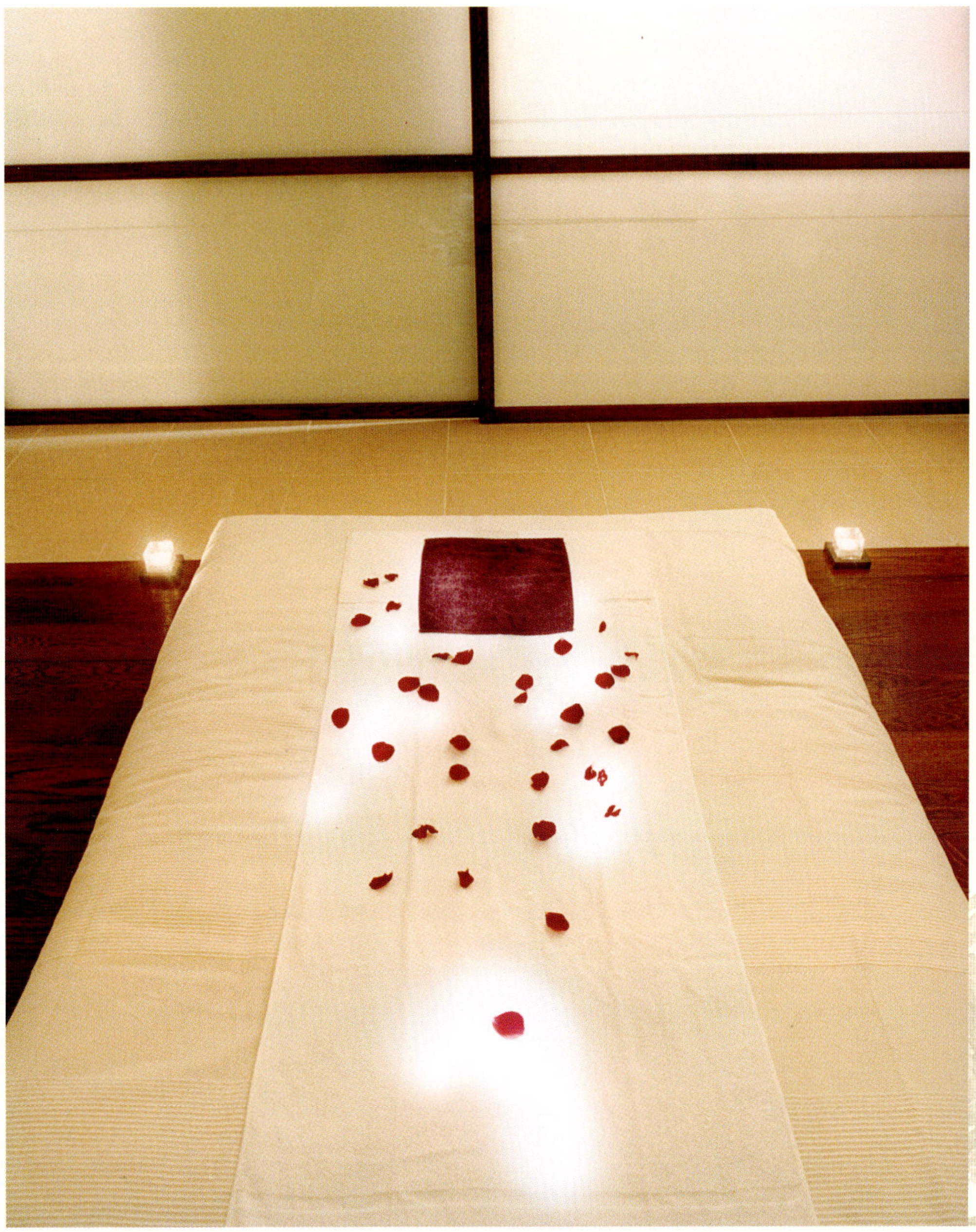

Bildnachweis

AKG-Images: S. 36, 39 (Ausschnitt), S. 120, 121/Lessing – S. 64, 112, 114, 118, 119
ASK-Images: S. 40, 41, 48, 50, 51/F. Mouchet – S. 68/Guilloux – S. 77/D. Stone/Visum
Aurora/PatitucciPhoto: S. 83 und Umschlag hinten

Bridgeman art library: S. 28/Vallée des Nobles, Theben, Ägypten/Giraudon – S. 90/Musée des Augustins,Toulouse – S. 110/Piazza Armerina, Sizilien – S. 115/Archives Charmet/Giraudon – S. 116/Musée de la Venerie,Senlis/Lauros-Giraudon – S. 146/The Stapleton Collection/Bridgeman – Giraudon
Contact press images: S. 142/Lori Grinker – S.146 (unten) / Dilip Mehta
Corbis: S. 8/Archivo Iconografico S.A. – S. 31, 49, 52, 53, 59 rechts/M.Yamashita – S. 35/N. Wheeler – S. 38/R. Wood – S. 43/FreeAgents Ltd – S. 58/Eliott/zefa – S. 61/G. Mendel – S. 100–101/H. G. Roth – S. 122, 123/Bettman – S. 133/O. Martel – S. 141/S. Vannini – S. 158/SIE/zefa – S. 161/H. Reinhard/zefa –
Cosmos: S. 59 gauche/P. Essick/Aurora –S. 60/M. Wexlor – S. 62, 129/M. Henley – S. 66–67/Schultz/Focus – S. 71/Matrix – S. 72/B. Arnold/Visum
Ferrante Ferranti: S. 34 (Ausschnitt)
Mathieu Garçon: S. 108, 152
Getty Images: Umschlag vorne und S. 42/M. Toyoura – S. 10/B. Stockley – S. 18/Ph. Schermeister – S. 19/J. Dewey – S. 45/T. Wheeler – S. 73/C. Ford – S. 157/J. Pumfrey
Jean Goussebaire: S.124
HFP – Hoa-Qui: S. 30/D. Lefranc – S. 70/Norenlind/AGE – S. 74–75/V. Durruty – S. 136/F. Cavazzanna
Rapho: S. 16, 26–27, 128 (Ausschnitt S. 11) /R. et S. Michaud – S. 44/M. Yamashita – S. 63/J. E. Pasquier – S. 134–135, 140/J. C. Coutausse
Guillaume de Laubier: S. 4–5, 21, 22, 65, 69, 76, 87, 94 (links), 113, 130, 131, 132, 148, 150 (unten), 156, 164, 165, 168
Françoise Lemarchand: S. 2, 9, 12, 20, 137 (rechts), 138, 149, 151, 160, 166 (unten)
Pascal Meunier: S. 84, 85, 86, 88–89, 91–99, 105, 106, 144
Bruno Morandi: S. 17, 25, 33, 80–81, 110, 125, 126–127, 139
Jean-Marc Palisse: S.109 (Ausschnitt), 153 (Ausschnitt)
Photononsto: S. 13/Simeone – S. 46–47/B. Simmons – S. 55/T. Bognar – S. 56/Mauritius – S. 57/AGE – S.78–79/A. Montfort – S. 103/Sime –S. 163, 167/C. Casanova
Réunion des musées nationaux: S. 15/D. Arnaudet – S. 29/Christa Begall/BPK, Berlin – S. 37/H. Lewandowski – S. 54/Musée Guimet – S. 111/T. Le Mage – S. 117/G. Blot
C. Tréal & J.-M. Ruiz/Maroc images: S. 102, 103 (links), 107, 166 (oben).
Royal Parc Hôtel, Evian: S. 155 – **Etoile du Sud:** S. 162 – **Hôtel Grande-Bretagne, Athènes:** S. 169 – **Grand Hôtel Cala Rossa, Porto-Vecchio:** S. 170–171 – **Spa Cinq Mondes:** S. 172–173

Danksagung

Ein herzlicher Dank gilt Isabelle Pailler-Kupiac von Arte, die uns freundlicherweise Zugang zum Archiv des Dokumentarfilms *Le monde des bains* gewährt hat. Ein weiterer Dank gebührt Marie Accomiato, Sarah Czinczenheim, Anna Depau, Françoise Gründ, Marie-Christine Loriers sowie den Bildagenturen für ihre Hilfe bei der Auswahl der Fotos. Und bedanken möchten wir uns auch bei den vielen Freunden, die uns ihre Erlebnisse, Erfahrungen und Geschichten vom Wasser anvertraut haben.

Der Verlag Aubanel dankt zudem der Marke Etoile du Sud sowie den Pressebüros der Spas für ihre Hilfe bei der Zusammenstellung der Fotos sowie der praktischen Tipps. Hier seien vor allem das Hôtel Royal Parc Evian, das Hotel Grande-Bretagne, das Grand Hôtel Cala Rossa und das Spa Cinq Mondes genannt.

Bibliografische Information Der Deutschen Bibliothek
Die Deutsche Bibliothek verzeichnet diese Publikation in der Deutschen Nationalbibliografie;
detaillierte bibliografische Daten sind im Internet über http://dnb.ddb.de abrufbar.

Titel der Originalausgabe: *Les bains dans le monde. Un enchantement des sens*
Erschienen bei Aubanel, Paris 2006

Deutsche Erstausgabe

Ein Unternehmen der La Martinière Groupe

Gestaltung und Umschlaggestaltung: Elisabeth Ferté
Satz: satz & repro Grieb, München
Druck: Kapp-Lahure, Evreux
Printed in France

ISBN 978-3-89660-423-1

www.knesebeck-verlag.de